소형 아파트
빌라 투자
앞으로 3년이
기회다

소형 아파트 빌라 투자
앞으로 3년이 기회다

초판 1쇄 발행 2015년 4월 20일
초판 11쇄 발행 2018년 2월 19일

지은이 이종길

펴낸이 김찬희
펴낸곳 끌리는책

출판등록 신고번호 제25100-2011-000073호
주소 서울시 구로구 디지털로31길20 1005호
전화 영업부 (02) 335-6936 편집부 (02) 2060-5821
팩스 (02) 335-0550
이메일 happybookpub@gmail.com

ISBN 978-89-90856-74-6 13320
값 13,000원

1%금리, 1인 가구 시대의 부동산 투자법

소형 아파트 빌라 투자 앞으로 3년이 기회다

이종길(꾸준함의 미학) 지음

끌리는책

뻔한 미래가 두려웠다

유리지갑 외에 내가 가진 것은 아무것도 없었다. 10년 후, 아니 그리 머지않은 내 가족의 미래와 경제 상황이 눈에 선했다. 그 '뻔함'은 나를 더욱 두렵고 불안하게 했다. 나에게 투자의 시작은 대단할 것도, 거창할 것도 없이 살기 위한 몸부림이었다. 다른 선택의 여지가 없었다. 여전히 부동산 투자자라면 따뜻한 시선으로 봐주지 않는다. 이제 남들의 시선은 중요하지도 않고, 관심도 없다. 지금 중요한 것은 우리의 미래가 더욱 찬란할 것이며, 더욱 기대된다는 것이다.

투자를 시작하면서 유리지갑 말고 두툼한 가죽지갑이 생겼고, 물질적 풍요와 더불어 정신적, 시간적 풍요를 누릴 수 있게 되었다. 지금은 콩 심으면 콩만 수확하는 농경시대가 아니다. 노력을 어떻게 하는가에 따라 부를 기하급수적으로 불려나갈 수 있는 시대가 되었다.

요즘의 나는 미래에 대한 기대와 상상으로 가슴이 두근거리는 인생을 살고 있다. 경제적 자유까지는 아니더라도 경제적 여유를 누릴 수 있을 것이라는 자신감에 차 있다. 이제는 그 뻔한 두려움이 내일을 기다리는 설렘으로 바뀌고 있다.

오늘도 월급에 목매어 미생으로 하루하루 거친 숨을 내쉬며 살아가는 예전의 나와 같은 가장들의 숨통을 틔워주고 싶다. 그런 바람으로 이 책을 썼다. 지극히 평범한 이웃이 삶의 희망을 발견하고 열심히 노력해서 성과를 이루는 모습을 보여주고 싶다. 이 책을 통해 10년 전 내가 느꼈던 막연한 '두려움'에 갇혀 있는 이웃들에게 희망이 되고 싶고, 그 증거가 되고 싶다.

패션에 유행이 있듯, 부동산에도 트렌드가 있다. 중대형 아파트를 선호하던 시절이 있었다. 하지만 최근에는 소형 아파트가 주거형 부동산의 트렌드로 자리 잡았다. 얼마 전까지만 해도 힘을 못 쓰던 분양권은 2015년 부동산 시장의 큰 이슈가 될 것이다. 부동산 투자에 관심을 가진 사람이라면 시장의 흐름을 읽고, 유행에 앞서기 위해 노력해야 한다.

1970년대 도시화가 본격적으로 진행되면서 아파트가 대거 공급되었고, 대한민국은 '아파트 공화국'이라고 불릴 만큼 아파트가 대표적인 주거 공간이 되었다. 2000년 중반부터 사회 작동원리의 초점이 효율에서 균형으로 옮겨가면서 부동산 시장에도 집중에서 균형 발전이라는 투자의 키워드가 생겨났다. 2000년 중·후반부터 최근까지 부동산 시장은 세종시, 공공기업의 지방 이전, 혁신도시, 기업도시 건설이라는 키워드로 움직였다. 2015년 이후의 부동산 시장은 '소형화, 차별화, 양극화'라는 키워드에 맞춰 움직일 것이다.

'소형화'란 산업화와 인구 구조에 따라 나타난 특수한 현상으로, 직장을 따라 이동하는 직장 수요, 이혼 증가, 가족 구성원의 감소, 인구 감소, 1인 또는 2인 가구의 증가 등 중·대형 주거 공간이 불필요해지면서 나타나는 자연스러운 결과다. '차별화'란 같은 행정구역의 인접한 아파트에서도 가격이 상승하는 단지가 있고, 하락하는 단지가 생긴다는 의미다. '양극화'란 저가 부동산과 고가 부동산의 가격 차이가 점점 더 벌어진다는 것을 뜻한다. 투자자라면 이러한 트렌드의 변화를 감지하고 투자 물건을 선정할 때 항상 염두에 두어야 할 것이다.

이 책은 부동산 부자로 살기 위한 준비, 투자에 필요한 사전 지식, 실전에 필요한 기술들에 대한 이야기를 담고 있다.

1장에서는 부동산 부자의 여정에서 나의 정확한 위치를 알고, 마음을 굳건히 다져야 함을 강조한다. 한두 번 반짝 투자해서 큰 수익을 얻고 싶은 사람이라면 이 책을 권하고 싶지 않다. 내가 생각하는 부동산 소액 투자는 문자를 보내듯이, 밥을 먹듯이 생활의 일부로 녹아들어야 한다. 불편함과 조바심 없이 늘 관심을 갖고 실천하는 일상이 되어야 한다. 아무나 할 수 있지만 누구나 할 수 없는 꾸준함으로 자본과 정보의 한계를 극복해야 한다.

2장은 투자를 시작하기 전 3품(손품, 머리품, 발품)을 어떻게 활용할 것인가에 관한 내용이다. 정보의 바다에서 나에게 필요한 정보를 찾아내서 내 것으로 만드는 방법을 소개한다. 막연하게 여겨지는 투자 물건을 어떤 방법으로 검색해 나만의 투자 물건으로 만들고 투자 가치가 있는지의 여부를 판단하는 큰 그림을 그리는 방법에 대해 알아볼 것이다.

3장과 4장에서는 독자들이 가장 궁금해할 실전 투자 지침과 사례를 소개한다. 가격 협상에 임하는 자세, 투자 물건의 매수와 매도의 기술, 대출을 받는 방법, 현장에서 접하게 될 투자 물건의 다양한 사례를 들려주고자 한다. 그리고 부동산을 효과적으로 관리하는 방법도 상세하게 설명한다.

5장에서는 부동산 투자자가 부동산 중개인에 대해 알아야 할 상식과 이해에 관한 내용을 다루었다. 또 부동산을 거래하고 관리할 때 자주 발생하는 거래 사고에 대해 알아보고 투자자의 주의를 환기할 수 있도록 한다.

6장은 부동산을 거래하면서 발생하는 비용에 관해 다룬다. 부동산 관련 각종 세금을 절세하는 법, 부동산 중개수수료, 법무사 비용 등을 절약할 수 있는 방법을 알아볼 것이다.

2008년부터 5년간 잠잠하던 수도권 부동산 시장이 2013년 말부터 기지개를 켜기 시작했다. 이번 시장의 주요 테마는 전용면적 85제곱미터 미만의 소형 아파트와 빌라들이다. 하지만 최근의 분양 물량과 추세에서 알 수 있듯이 소형 아파트의 희소성과 저렴한 가격에서 기인한 투자 가치는 점점 사라질 것이다.

앞으로 3년, 그 가치가 사라지기 전까지가 바로 투자의 적기가 될 것이다.

이 책을 반복적으로 읽어보고 자신만의 소신과 원칙을 가진 투자자로 성장하길 바란다. 부동산 투자로 큰 부자가 되겠다는 욕심보다는 내 가족을 지켜줄 울타리를 만들겠다는 마음가짐이 중요하다. 아무쪼록 작지만 소중한 꿈을 이루기를 바란다.

여러분의 투자 독립을 응원한다.

2015년 봄
이종길(꾸준함의 미학)

3장 이렇게 사고팔아야 진짜 돈 된다
_실전 투자, 현장 실무

4장 소액 투자 경험과 성공 사례 전격 공개
_투자 경험 사례

5장 부동산 중개인은 투자자에게 적인가, 동지인가

6장 세금, 수수료, 거래 비용 줄이는 방법

1장

월급쟁이,
소액으로 부동산 투자에
도전하다

간절하게
부자가 되고 싶었다

나는 3남 2녀 중 막내로 태어났다. 아버지는 내가 태어나기 몇 달 전에 돌아가셨다. 어머니 혼자 어린 다섯 남매를 키우기가 얼마나 힘겨웠을지 아비가 되어보니 어렴풋이 알 것 같다. 결국 우리 형제는 뿔뿔이 흩어져 살아야 했다. 내 유년의 추억에는 아버지가 없다. 부모님과 함께 사는 친구를 늘 부러운 눈으로 바라보곤 했다. 속 깊은 아버지의 사랑을 느껴보고 싶었지만 나에게는 기회조차 없었다. 가족이 모여 사는 평범한 삶을 나는 늘 동경했다.

이런 처지였음에도 20대의 나는 철없이 인생을 낭비했다. 대학 졸업 후 직장생활과 선술집 경영을 병행하며 흥청망청 돈 무서운 줄 모르고 살았다. 그러던 중 사랑하는 사람을 만나 결혼을 했다. 처갓집 2층에서 보증금 1000만 원에 월세 30만 원으로 신혼생활을 시작했다. 큰 꿈은 없었고, 그저 평범하게 살고 싶은 생각뿐이었다.

나는 분명 '평범한 가정'을 꿈꿨다. 내 머릿속에 자리 잡은 '평범한 가정'은 엄마, 아빠, 아이들이 함께 사는 모습이었다. 그렇게 함께 있기만 하면 행복할 줄 알았다. 하지만 평범한 가정이 모두 행복한 것은 아니라는 사실을 경제적 어려움을 겪으며 알게 되었다. 허름한 집에 월세를 살아서 불행했다는 말은 아니다. 갖고 싶은 게 많은데 가질 수 없어서 불행했다는 뜻도 아니다.

빈곤은 평범한 삶을 원하는 것조차 사치처럼 느껴지게 했다. 경제적 궁핍은 가족에게 상처와 고통을 준다. 이래서는 '평범한 가정'은 꿈도 못 꾸겠다는 생각이 들기 시작했다. 겨울이면 코가 시릴 만큼 웃풍이 심한 낡은 주택에서 보낸 신혼생활, 그리고 아이가 태어나면 더욱 심해질 경제적 궁핍이 나를 깊은 어둠에서 깨운 것이다.

내가 가난한 것은 나의 할아버지와 아버지가 가난했다는 뜻이다.
내가 가난하다는 것은 내 아들과 딸도 가난할 것이라는 이야기다.
그리고 손주들도 가난하게 살 가능성이 높다는 의미다.

이 빈곤의 악순환을 끊고 싶었다. 그 고리를 끊어야겠다고 생각했다. 내가 투자를 결심한 이유는 어찌 보면 아주 단순하고 평범했다. 나는 욕심을 내기로 했다. 아내와 아이들에게 지금보다는 더 나은 환경을 선물하고 싶었다. 유년시절 가난 때문에 겪었던 서러움을 아내와 아이들은 절대 겪지 않게 하겠다는 간절함이 만들어낸 결심이었다.

간절함과 절실함만 있다면 이 세상에 못할 일이 있겠는가. 누구나 시작할 수 있고, 변화할 수 있으며, 어제와는 다른 내일을 만들 수 있다.

쉽게 얻을 수 있는 것은 없다

세상만사가 내 맘 같지 않다. 허투루 이루어지는 일도 없으며, 세상 돌아가는 일이 공평하지도 않고 공정하지도 않다. 한 가지 확실한 것은 '세상에 공짜는 없다'는 사실이다. 내가 투자하는 물건마다 수익을 올리면서 승승장구했다고 생각하는가? 절대 그렇지 않다. 신중하게 고른 물건인데도 실패하는 경우가 있었다. 만일 주변에서 자신이 투자한 것은 다 성공했다고 자랑하는 사람이 있다면 둘 중 하나다. 사기꾼이거나 실패를 숨기는 것이다. 내 주변에 실패 없이 성공을 이룬 사람은 한 명도 없다.

나는 부동산에 대한 관심과 열정은 누구보다 앞선다고 자신한다. 또한 양질 전환의 법칙을 믿는다. 일정 기간 동안 경험을 축적하면 투자나 인생에서 질적 성장이 반드시 온다고 믿는다. 그래서 더 많은 책을 읽으려 노력했고, 많은 투자 물건을 보려고 움직였다. 이런 노력들이 모여서 성공 확률을 높였다. 물론 탁월한 성과를 내기 위한 '일정 시간'에는 개인차가 존재한다. 그럼에도 말콤 글레드웰의 '1만 시간의 법칙'처럼 획일적이라고 생각하지는 않는다. 개인의 역량과 노력 여하에 따라 얼마든지 달라질 수 있다고 믿기 때문이다.

스포츠나 음악에서는 양질 전환 법칙의 사례를 자주 볼 수 있다. 아무리 천재적인 재능을 가지고 태어났다 해도 연습량을 이길 수 없다. 세계적인 스포츠 선수나 음악가를 보면 그들은 잠자고 먹는 시간을 제외한 모든 시간을 연습에 몰두한다. 그 수많은 연습이 결국 중요한 순간에 위력을 발휘한다.

부동산 투자도 마찬가지다. 많이 보면 볼수록 물건을 구별하는 안목이 생긴다. 발품을 많이 팔면 팔수록 내공이 쌓여간다. 고수는 그렇게 탄생한다. 정확히 얼마나 많은 물건을 봐야 하고, 투자를 몇 번이나 해야 한다고 단정적으로 얘기할 수는 없다. 나처럼 전국 곳곳을 누비며, 연간 수백 건의 물건을 보는 방법도 있다. 그렇다고 지금 투자를 시작하는 분들에게 '당신도 나처럼 10년을 돌아다녀야 한다. 나처럼 몇 백 건은 기본으로 봐야 한다'고 말하고 싶지는 않다. 중요한 것은 투자 선배들의 경험을 배워 빨리 내 것으로 만들고 초기의 시행착오를 줄여야 한다는 점이다. 투자 초기의 결정적인 실패는 영원한 실패로 이어질 수도 있기 때문이다.

투자의 고수가 되려면 부동산 중개소 방문을 시작으로 부지런히 현장에 나가보는 것도 중요하다. 준비가 미흡하거나 판단이 서지 않았을 때는 서둘러 투자할 필요가 없다. 현장의 느낌을 배우고 몸에 익히는 과정을 반복하는 일이 먼저다.

또 한 가지 방법은 책 속에 있다. 투자 지침서도 좋고, 실무서도 괜찮다. 어떤 책이든 관심 있는 분야의 책을 다양하게 많이 읽어보기를 권한다. 단, 그 기간은 짧을수록 좋다. 다양한 간접 경험을 통해 실수와 실패를 줄일 수 있다. 나는 특정한 책이나 투자법을 추천하지는 않는다. 목적지에 도달하는 길이 하나만 있는 것은 아니며, 누군가의 성공법이 나에게는 맞지 않을 수도 있다. 무작정 따라한다고 해서 성공할 수 있는 것은 아니다. 많은 사람들의 투자법을 참고하되 자신만의 투자 원칙과 소신을 가져야 한다.

2006년에 《한국의 젊은 부자들》이란 책을 선물로 받았다. 당시만 해도 책은 나와 맞지 않는 문명의 이기였다. 책은 그저 급한 순간 냄비 받침으로 쓰거나 잠을 부르는 최고의 수면제라고 생각했다. 하지만 그 책을 읽는 동안 부자들에 대한 궁금증이 생겼다. "젊은 사람들이 어떤 방법으로 부를 축적했을까?" 물론 책과 현실은 다르다는 사실을 잘 알고 있지만, 당시에는 호기심과 궁금증을 해결할 대안이 책밖에 없었다. 속는 셈치고 다른 책들도 읽기 시작했다. 책 읽는 속도는 느리고, 문장도 잘 이해하지 못했다. 그럼에도 얻는 것이 있었다. 바로 사고의 변화다. 사고의 변화는 행동의 변화를 수반

한다. 책을 읽으면서 내 의식이 변했고, 새로운 일에 도전할 용기가 생겼으며, 도약하는 계기가 되었다.

투자를 하다 보면 시세가 오르기도 하고 내리기도 한다. 악재와 호재가 빈번하게 교차한다. 시장은 사람을 수도 없이 흔들고 고민에 빠지게 만든다. 그때마다 책은 나를 붙들어주었고, 마음속의 흙탕물을 걷어내주었다.

책을 통해 세상을 보는 통찰력을 얻었고, 마음의 근력을 키웠다. 이제야 '책은 마음의 양식'이라는 말의 의미를 이해한다. 부동산 투자자로 성공하고 오랫동안 살아남으려면 경제, 금융, 자본주의, 심리, 인간관계 등에 관해 폭넓은 지혜를 갖추는 게 필요하다는 것이 지금의 내 생각이다.

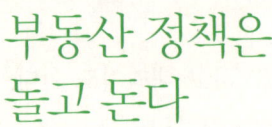

부동산 정책은
돌고 돈다

초보 투자자는 치밀한 준비나 전략을 가지고 투자를 시작하는 경우가 드물다. 경제적 필요에 의해서든, 지인의 권유에 의해서든 즉흥적인 의사 결정이 투자의 시작이 되는 경우가 많다. 이런 경우 운이 좋아 한두 번 수익을 낼 수는 있지만 실력이 뒷받침되지 않는 운은 지속될 수 없다. 물론 주변에 투자를 오래한 지인이 있다면 많은 조언과 도움을 구할 수 있다. 그렇다고 언제까지 물고기를 받아먹기만 할 수는 없다. 스스로 투자처를 찾고, 지속적으로 수익을 낼 수 있어야 한다. 그래야 진정한 투자자의 길을 걷고 있다고 할 수 있다.

경매가 대중화되면서 많은 사람들이 경매에 관심을 가지고 뛰어

들었다. 경매 관련 책 몇 권 읽고 사기충천하여 덤비다가 입찰 보증금만 날리는 사람들이 수두룩하다. 진정한 투자자는 상승기와 하락기에 모두 수익을 낼 수 있어야 한다. 대세 상승기에는 누구나 수익을 낼 수 있다. 하지만 하락장에서는 공부한 사람만이 수익을 낸다. 시장에는 모르고 덤볐다가 사라져간 무수히 많은 전사자들이 있다. 수익을 지속적으로 내면서 오랫동안 시장에 남아 있는 사람은 극소수에 불과하다.

책을 통해 많은 이론을 배울 수 있는 것은 분명한 사실이다. 하지만 이론이 전부가 아니다. 문제는 책만 들여다보면서 몇 년째 초보 투자자로 머물고 있는 경우다. 어디서 장학금을 받는 것도 아닌데 책만 보고 강의만 찾아다니며 공부에 매진한다. 장롱 면허 소지자처럼 장롱 투자자가 되어간다. 그들은 시장을 직접 경험하려 하지 않고 이론과 타인의 경험에 의존해서 투자를 결정한다. 스스로 시장을 보는 눈을 키우지 못하니, 10년이 지나도 여전히 초보 투자자에 머물러 있다. 책 속의 지식과 정보를 살아 있는 정보로 바꾸려면 시장으로 가야 한다. 투자 현장을 봐야 한다. 책과 현장, 이 두 가지를 잘 활용해야 통찰력이 생기고, 지속적으로 수익을 창출하는 투자자가 될 수 있다.

매수는 기술이고, 매도는 예술이다.

투자에는 가장 기본적인 법칙이 있다. 매수를 하면 언젠가 매도를 해야 한다는 사실이다.

시장에서 이런저런 경험을 하다 보니 매수보다 매도가 훨씬 어렵다는 것을 깨달았다.

건물이 낡거나, 팔아야 할 사정이 생겼거나, 수익이 나거나, 더 좋은 투자처가 생기면 우리는 투자 물건을 매도한다. 매수자와 매도자가 만날 때 거래가 이루어진다. 거래가 활발하면 부동산 시장이 활황이라고 이야기한다. 부동산 시장이 활황이면 거래량은 더욱 늘고 미분양은 감소한다. 시장이 활력을 찾고 분양 시장은 활기를 띤다. 상승기의 전조 증상이다.

이것이 바로 수요와 공급이다.

수요가 증가하면 시차를 두고 공급은 더 많이 증가한다. 이로 인해 수급의 불균형은 커지고, 미분양이 증가한다. 주택은 수요에 맞추어 공급하기까지 최소 27개월(착공 후 준공까지 걸리는 평균 시간)의 시간이 필요한 비탄력적 상품이다. 그 불균형의 빈틈을 활용하는 것이 투자자다.

공급이 수요보다 많아지고 미분양이 증가하면 다시 경기가 위축된다. 경기를 부양하는 가장 좋은 방법 중 하나는 부동산 경기를 활성화하는 것이다. 경기가 위축되면 활성화해야 하고, 경기가 과열되면 진정시키는 것이 정부의 역할이다.

이 시기에 정부의 부동산 정책이 나온다.
바로 규제-완화-유동성이다.

부동산 규제는 시장이 과열되거나 활황기일 때 나오는 정책이다. 과거 강남을 시발점으로 버블 세븐의 과열과 몰락을 경험한 독자라면 이해할 것이다. 2013년과 2014년에는 2000년대 초반 부동산 가격이 무섭게 상승하던 시기에 나왔던 각종 규제 정책의 빗장이 풀리고 있다. 시장이 죽어가고 있기 때문이다. 시장을 살리려면 완화 정책이 필요하다. 지금이 바로 그 시기라고 할 수 있다. 세금으로 완화를 시작하고, 규제들을 폐지하기 시작한다. 여기서 시기를 놓치고 정부 부처 사이에 엇박자가 생기면 효과가 반감된다.

그 증거가 바로 2014년 2월 26일 주택임대차 선진화 방안이다. 부동산 시장 정상화라는 일관된 신호를 주던 정부가 갑자기 선진화 방안을 들고 나온 후 시장은 다시 침체기를 걸었다. 그 후 정부 정책은 LTV(주택담보대출비율), DTI(총부채상환비율) 완화로 이어졌고, 재건축 규제 완화의 카드로 연결되었다. 결정타를 날린 정책은 유동성 완화라고 할 수 있다. 금융통화위원회는 기준금리를 2퍼센트로 내렸다(2014년 10월)가, 2015년 3월에는 다시 1.75퍼센트로 인하했다.

이렇게 부동산 정책은 돌고 돈다.

규제-완화-유동성 조절은 부동산 시장이 돌아가는 원리이고 기본이다.

이렇게 큰 흐름을 잡고 있으면 시장이 지금 어느 계절인지 쉽게 알 수 있다. 나무만 보면 숲을 볼 수 없고, 숲만 쳐다보고 있으면 나무를 놓친다. 시장은 이렇게 계속 돌고 돈다. 이게 바로 부동산 시장이 흘러가는 원리다. 시장의 흐름을 읽지 못하면 투자자로서 실패하여 시장에서 소리 없이 사라지게 된다.

현명한 투자자라면 "흔해지면 귀해지고, 귀해지면 흔해진다"는 투자 격언을 새겨두어야 한다.

종잣돈 모으는 비법?
그런 게 있기는 한 걸까?

돈 없이도 투자를 할 수 있다고 말하는 사람들이 있다. 과연 가능할까? 내 상식으론 절대 불가능하다. 경매를 해도 입찰 보증금이 있어야 하고, 일반 매매에서도 계약금이 있어야 한다. 투자를 하려면 최소한의 종잣돈은 필수다. 종잣돈을 마련하기 위한 가장 좋은 방법은 무엇일까? 종잣돈을 모으는 데 어떤 비법 같은 게 있기는 한 걸까? 누구나 알고 있지만 아무나 실천하지 못하는 바로 그 방법밖에 없다. 그저 안 쓰고, 모으는 방법이다.

금융권에는 각종 절세 상품이 있다. 비과세 상품도 있고, 금리가 상대적으로 높은 상품도 있다. 하지만 대내외 경제 상황과 저금리 정책에 따라 은행의 예금·적금 금리가 1퍼센트 후반으로 내렸다.

이자소득세를 제외하면 실질금리는 0퍼센트에 가깝다는 얘기다. 은행에 저축해서 돈을 불릴 수 있다는 얘기는 옛말이 된 지 오래다. 은행에는 다양한 기능이 있지만 서민들에게는 '돈을 불려주는 기능, 보관, 대출', 이 세 가지 기능뿐이다. 그러나 예금 금리가 1퍼센트 후반대로 떨어진 요즘은 돈을 불려주는 기능은 사라지고 보관과 대출의 기능만 남았다고 할 수 있다. 박봉이고 투자할 종잣돈마저 없는 사람이 절세 상품에 가입하면 얼마나 절약이 될 것이며, 소득공제를 받으면 얼마나 받겠는가? 급여가 많아야 세금도 많이 내고 소득공제로 돌려받을 돈도 많아지는 것이다.

단언컨대, 종잣돈을 모으는 방법에는 왕도가 없다.

그저 알뜰살뜰 아낄 수 있는 만큼 최대한 아껴서 티끌 모아 태산이 되도록 차곡차곡 모으는 수밖에 없다. 재미있게, 지루하지 않게 돈을 모으는 적금 방법이 있다. 풍차 돌리기 적금이다. 일반 적금처럼 매달 같은 날 일정 금액을 불입하는 점은 같다. 다만 통장의 수를 하나씩 늘리는 방법이다. 즉 첫째 달에 10만 원짜리 적금을 시작으로 매달 10만 원짜리 적금을 한 달에 하나씩 새롭게 개설하는 것이다. 이렇게 열두 달이 되면 월 10만 원씩 저축하는 적금 통장이 열두 개가 된다. 열두 달이 지난 다음 달부터 매달 만기되는 적금이 생겨 돈 모으는 재미가 있다. 1년을 모으면 780만 원이 되고, 이런 패턴을 계속 반복한다. 매달 만기되는 적금을 만지면 지루함도 덜하고, 월세를 받는 것 같은 기분도 든다. 은행에 자주 들락거리다 보니 금리 동향, 금리가 높은 상품도 접하게 된다. 은행 직원과 친해지면 금리 혜택도 볼 수 있어 여러모로 도움이 된다.

목돈을 만들기 위해 1년 만기된 적금은 예금으로 돌려놓는다.

구분	금액
1월	10만 원
2월	20만 원
3월	30만 원
4월	40만 원
5월	50만 원
6월	60만 원
7월	70만 원
8월	80만 원
9월	90만 원
10월	100만 원
11월	110만 원
12월	120만 원
합계	780만 원

또 하나의 방법은 돈을 한곳에 모으는 것이다. 실비 보험을 제외한 나머지 보험을 최소화하고, 연금도 최소화하여 목돈을 만드는

데 주력하는 방법이다. 어떤 분들은 갑자기 병에 걸리면 어떻게 하느냐고 반문할지 모른다. 그런 걱정을 할 시간에 균형 잡힌 식사를 하고 규칙적으로 운동을 하는 편이 건강에 더 좋을 것이다.

성을 쌓았으면
견고히 지켜라

한두 번 투자에 성공하다 보면 자연스럽게 욕심이 생긴다. 여러 건을 동시에 진행하고, 다양한 분야로 투자를 확장하고 싶어한다. 자금이 부족해도 무리하게 대출을 받아 투자를 한다. 이제는 욕심에 조바심까지 더해진다. 투자를 할 때 경계해야 할 것이 바로 욕심과 조바심이다.

욕심은 조바심을 낳는다.

조바심은 눈을 멀게 하고, 평정심을 잃게 한다. 만일 현재 투자에 성공한 물건이 있다면, 잠시 숨을 고르고 자신의 투자 포트폴리오를 재정비해야 한다. 대출을 상환하고, 공들여 쌓은 성이 무너지지 않도록 견고하게 지켜야 한다. 그래야 지금의 작은 성공이 다음 성을 쌓을 든든한 버팀목이 된다. 투자는 적은 돈으로 움직이는 게임이 아니다. 한 번의 실수로 몇 년에 걸쳐 쌓아 올린 공든 탑이 무너질 수도 있다.

아파트 투자로 제법 돈을 모은 지인 Y씨는 상가 투자에 관심이 있었다. 자신의 투자금과, 투자금의 두 배에 달하는 대출로 15억 원짜리 상가를 매수했다. 리모델링을 하고, 대형 프랜차이즈로 임차인을 맞추고 투자 물건의 가치를 높여 매도한다는 계획이었다. 그런데 1층에 입점하기로 했던 대형 프랜차이즈 업체가 자금 사정으로 입점을 포기했다. 그로 인해 계획에 차질이 생겼다. 공실은 계속되었고, 대출 이자에 대한 부담으로 결국 6개월을 버티지 못하고 경매에 넘어가게 되었다. 10여 년에 걸쳐 모은 수익은 물론이고 가정의 평화까지 한순간에 사라졌다. 공든 탑이 6개월여 만에 무너진 것이다.

극단적인 예를 들었지만, 주변에 이런 투자자들을 흔히 볼 수 있다. 만일 주거형 투자를 하다가 상업지 투자로 종목을 바꾸고 싶다면 먼저 주거형 투자를 견고히 해두어야 한다. 그리고 절대 올인이나 몰빵 투자를 하면 안 된다. 자산의 반만 투자해야 한다. 만일 새로운 투자가 실패한다고 하더라도 그로 인해 그동안 쌓아두었던 성까지 위협받아서는 안 되기 때문이다. 10억 원을 가진 투자자와 100억 원을 가진 투자자는 다르다. 하지만 가진 돈을 몽땅 걸었다가 실패하면 둘 다 빈털터리가 되는 것은 마찬가지다.

힘들게 성을 쌓았다면 악착같이 지켜야 한다.

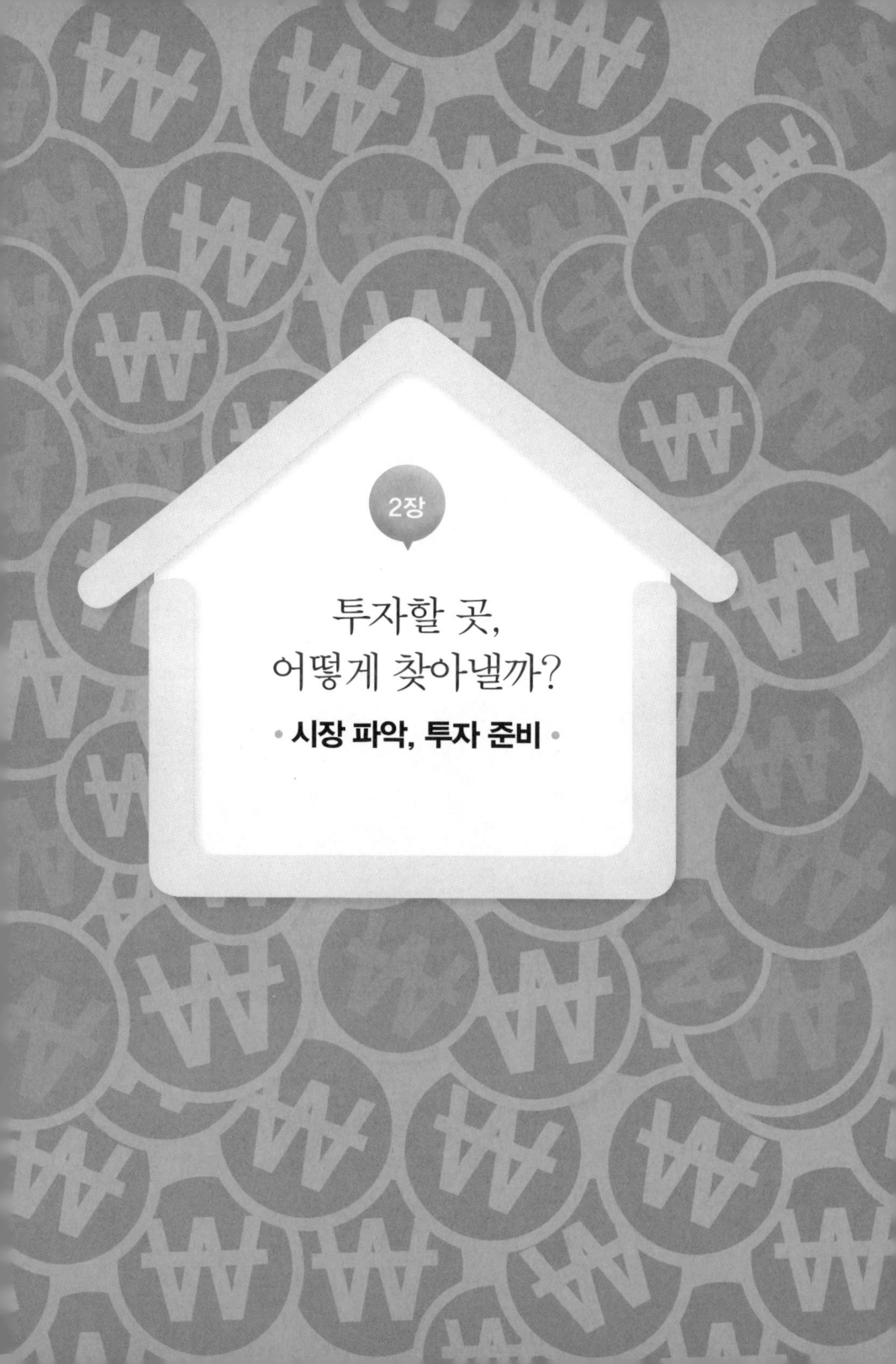

2장

투자할 곳,
어떻게 찾아낼까?

• 시장 파악, 투자 준비 •

투자 지역의
다변화와 투자의 흐름을 읽자

과거의 부동산 투자 흐름

1997년 외환위기 때 부동산 시장은 침체의 늪에서 허덕였고, 시중 금리는 20퍼센트까지 치솟았다. 이 시기에 계층 간의 이동이 많이 일어났고, 부의 편중 현상 또한 급격히 심해졌다. IMF 이후 정부의 부동산 규제 완화 정책에 힘입어 2000년부터 부동산 가격이 서서히 오르기 시작했다. 이후 2002년 그리고 2004년에 폭등이라 할 만큼 큰 부동산 대세 상승이 있었다.

이 시기에 토지, 주택, 분양권, 오피스텔 등 대부분의 부동산 가격이 상승했다. 2000년대 초반에만 해도 부동산 투자는 돈 있는 사람들의 전유물이었다. 서울 강남을 비롯한 1기 신도시들이 호황을 누리면서 많은 복부인들이 등장했다. 당시만 해도 지방의 부동산에 투자하는 사람은 극히 소수에 불과했다.

아직 경매가 대중적인 인기를 얻기 전이었기에 경매에 대해 조금만 알고 있어도 돈을 벌 수 있는 시기였다. 경매 특수 물건은 소수의 전문가 영역으로 취급되었고, 권리 분석만 할 수 있어도 돈을 벌수 있는 시기였다. 이 시기에 함께 유행했던 투자 패턴이 재건축과 재개발이다.

강남의 재건축은 투자의 영원한 테마다. 강남 재건축을 시작으로 분당을 거쳐 버블 세븐으로 이어지는 부동산 가격의 흐름은 공식처럼 되어 있었고, 강남 불패라는 말이 나오기 시작했다.

2003년에는 참여정부가 부동산의 규제와 완화라는 두 가지 정책을 동시에 실시하면서 부동산 거래 자료의 전산화를 추진했다. 보유세 강화, 다주택자 중과, 실거래가 보고 의무화 등 부동산 시장 전반에 체계를 갖추기 시작했다. 2006년 1월 1일부터 시행된 부동산 실거래가 신고제는 부동산 시장에 큰 타격을 주었다. 이 제도로 인하여 당시 성행하던 다운계약서와 업계약서가 사라지게 되었다. 또한 취득세·등록세 및 양도세 부담이 크게 늘어 부동산 시장이 큰 타격을 입었다.

고위 공직자의 인사청문회에서 자주 불거지는 다운계약서는 2006년 1월 1일 이전에는 거의 관례처럼 이루어졌다. 실거래가로 신고하지 않고, 공시지가로 거래 금액을 신고했기 때문에 2006년 이전에는 거래를 할 때 대부분 다운계약서를 작성했다.

각종 규제책에도 불구하고 상승세를 타던 부동산 시장은 2008년 미국발 금융위기를 겪으며 급격히 침체되었다. 수도권은 장기간의 하락세에 접어들면서 부동산 시장의 주도권이 비수도권으로 넘어가게 된다.

현재의 부동산 투자 흐름

2003년 노무현 대통령의 취임 이후 지방 균형 발전 사업으로 공공기관 지방 이전과 동시에 신행정수도 건설 등의 정책이 각 지역에 커다란 호재로 작용했다. 국토 균형 발전의 명목 아래 추진된 혁신도시와 기업도시 건설 계획 역시 지방의 부동산 시장에 활력을 불어넣었다.

수도권 침체와 맞물려 투자자들이 지방으로 몰리면서 지방 부동산의 전성시대가 열린다. 행정수도 이전 예정지, 혁신도시 예정지, 기업도시 예정지 등 다양한 투자처가 생김에 따라 지방 부동산 시장에 불이 붙었다. 수도권을 중심으로 돌아가던 부동산 시장이 지방으로 옮겨오면서 소액으로 투자할 수 있는 지방 부동산에 매력을 느낀 투자자들은 수익형 부동산 시장을 활성화시켰다. 수도권 위주의 부동산 시장이 지방 위주로 재편된 시기였다.

저금리 기조가 계속되면서 은행 이자로 생활하던 은퇴자들마저 수익형 부동산 시장을 기웃거리며 소형 아파트, 오피스텔, 다가구, 도시형 생활주택 등 월세가 나오는 곳에 투자자들이 몰렸다. 여기에 인터넷의 보급과 경매의 대중화로 많은 정보들이 공개되었고, 투자 정보를 공유하는 인터넷 투자 커뮤니티들이 활성화되면서 그야말로 지방 부동산 시장은 춘추전국시대가 되었다. 최소 2000~3000만 원을 투자해서 많게는 두 배 이상의 시세 차익을 얻을 수 있었던 시기다.

지금은 지방의 부동산 시장이 서서히 한풀 꺾이고 있으며, 투자자들의 흐름은 다시 수도권을 향하고 있다. 발빠른 투자자들은 2012년 말부터 수도권으로 투자처를 옮기고 있으며, 용인의 신분당선 라인, 수서발 KTX, GTX 라인, 서울도시철도 9호선, 마곡 지구 등 호재를 따라 다양한 지역에 투자를 하고 있다.

박근혜 정부가 들어선 후 발표되는 다양한 부동산 완화 정책들이 부동산 시장에 좋은 영향을 끼치고 있는 것은 사실이다. 아직도 대구, 부산, 천안, 음성 등 투자자들의 발걸음이 끊이지 않지만 발빠른 투자자들 사이에서는 이미 지방 투자에 회의적인 시각이 많다. 이제 대세는 수도권이다.

저금리 기조가 지속되는 이상 수익형 부동산을 찾는 투자자들의 발길은 계속될 것이다. 주택 가격 상승에 대한 기대 심리가 꺾이면서 전세가 점차 사라지고, 월세가 더욱 늘어날 것이다. 월세가 계속 오름에 따라 서민층의 주거비 부담도 늘어날 것이다. 이는 일본의 사례를 봐도 알 수 있다. 도쿄의 경우 부동산 가격은 하락하지만, 월세는 계속 오르는 추세다. 이는 비단 일본만의 문제가 아닐 것이다. 앞으로 우리도 전세의 월세 전환이 가속화될 것이다. 그리고 월세 임대료의 상승은 부동산 투자의 트렌드를 바꾸게 될 것이다.

2년 남짓 계속되었던 부동산 시장 정상화 대책들이 수도권 부동산 시장에 효과를 나타내기 시작하고 있다. 현재 수도권 부동산 시장은 실수요자들이 치솟는 전세가에 밀려 매매로 돌아서는 형국이다. 투자자 입장에서는 저성장과 저금리 기조가 계속된다면 수익형 부동산을 찾는 수요는 계속 늘어날 것이고, 투자 전략과 방법도 다양해질 것이라고 전망한다.

첫 투자의 충격

지금에 와서야 털어놓는 이야기지만, 첫 투자 이후의 충격은 엄청났다. 그때만 해도 나는 감언이설에 넘어갈 만큼 어리숙하고 미숙했다. 속았다는 생각에 치를 떨었고 나 자신이 그렇게 한심스러울 수가 없었다. 그리고 열심히 공부를 해서 반드시 손해를 만회하겠다고 결심했다. 당시에는 첫 투자의 실패가 내 인생의 독이 되었다고 생각했지만 지금 돌이켜보면 좋은 약이 되었다.

2006년부터 2~3년 동안 제목에 '경매'라는 단어가 들어간 책은 거의 다 찾아서 읽었다. 처음에는 용어를 이해하는 것도 어려웠다. 재미는 고사하고 읽는 속도가 너무 느려 포기하고 싶은 마음이 하루에도 몇 번씩 솟구쳤다. 책을 사볼 여유가 없었기에 주로 서점에서 서서 읽거나 도서관에서 빌려 읽었다. 읽어보고 배울 것이 많거나 오래 두고 봐야 할 책은 새책과 중고책을 가리지 않고 구입했다. 1년 동안 지루함을 견디다 보니 용어도 익숙해지고 내용도 이해하게 되면서 속도가 붙기 시작했다. 시간이 날 때마다 부동산 중개소를 방문했고, 친한 사장님들이 늘어가면서 투자에 조금씩 눈을 뜨기 시작했다. 그럴수록 첫 투자의 실패가 부끄럽게 느껴졌다.

어릴 적 친구들과 개울에서 물고기를 잡거나 공놀이를 하면서 즐거웠던 기억이 간혹 떠오를 때가 있다. 부동산 투자는 그때 이후 처음으로 발견한 '정말 재미있는 일'이었다. 부동산 투자에 대한 생각만 해도 즐거웠고, 머릿속은 온통 부동산으로 가득했다. 건물을 보면 가치가 궁금했고, 식당에서 밥을 먹을 때는 회전율과 원가 대비 하루 매출을 계산해보기도 했다. 길을 가다가 새로 문을 연 가게를 보면 장사가 잘될지, 아니면 곧 문을 닫을지 친구들과 내기를 하기도 했다.

주류 회사에 다니던 시절이라 음식점이나 술집 사장님들이 장사를 어떻게 하는지, 부동산 투자를 어떻게 생각하는지, 장사를 잘하는 사장님과 잘 못하는 사장님의 차이는 무엇인지 등을 관찰하고 나름대로 분석해볼 수 있는 기회도 많았다. 주류 회사 영업이 하루 종일 돌아다녀야 하는 힘든 일이긴 했어도, 부동산 투자를 하는 데 기초 체력을 길러준 시간이었던 것 같다. 지리도 익히고, 상권의 흐름도 지켜보면서 나름대로 상권을 분석하는 법을 배웠다. 이 시기에 혁신도시, 기업도시, 행정수도 세종시 이전 등의 굵직한 지방 이전 공약들이 나왔기에 대전도 부동산 경기가 활황이었다.

적은 돈으로도 투자가 가능했던 것은 시기를 잘 탔고 운도 좋았다고 생각한다. 투자 초기에는 전세가와 매매가가 거의 차이가 없는 저렴한 빌라를 매수하여 이익을 남겼다. 그렇게 점점 투자의 묘미에 빠져들기 시작했다.

'세상에! 내가 부동산 투자로 돈을 벌다니!'

큰돈은 아니었지만, 투자로 돈을 번 내가 자랑스럽고 기특했다. 꿈만 같았다.

'열심히 하면 된다. 포기하지 않으면 된다.'

위인전이나 수많은 자기계발서에 나오는 열정, 노력, 꿈은 나와 상관없는 단어인 줄 알았다. 그런데 이 시기에 정말 맞는 말임을 실감

했다. 자신감이 붙기 시작했다. 대전 용전동, 중리동, 관저동, 송강동 일대에서 '말 많은 꼬맹이'로 소문이 날 정도였다. 젊은 사람이 열심히 한다고 도와주시는 분이 많았고, 격려와 위로도 많이 받았다. 부동산 투자를 하면서 가장 재미있었고, 많은 것을 배운 시기였다.

2009년부터 2011년 사이에는 지방에 투자를 집중했다. 이 시기에 대전을 시작으로 천안시, 아산시, 구미시, 김천시, 광양시, 원주시, 세종시, 광주광역시 등에 투자했다. 시기적으로 잘 맞아떨어졌고, 매수 후 1~2년 만에 가격이 많이 올랐다. 전세 가격이 매매 가격을 넘어선 지역이 대부분이었다.

이후 2012년부터 투자의 관심을 수도권으로 옮겼다. 2013년 2월 박근혜 정부 출범 이후 수도권이 활성화될 것이라고 생각했기 때문이었다. 수도권에 본격적으로 투자를 시작했다. 이때까지도 대통령 당선의 후광으로 대구·경북 지역의 부동산 시장은 활황이었다. 하지만 이 시기부터 수도권 규제 완화의 움직임이 시작되었고, 침체되었던 수도권 시장에 향후 몇 년 안에 온기가 돌 것이라는 예상을 했다. 이러한 예상을 바탕으로 경기도 안성을 시작으로 강원도 원주, 경기도 파주에, 2013년에는 경기도 평택, 군포, 용인에 투자했다. 이런 과정을 거치며 전국 팔도에 아파트를 보유하게 되었다. 지금은 전세를 월세로 전환하는 현금 흐름 개선에 치중하고 있다.

투자에서는 지역을 선정하고, 선점하는 일이 매우 중요하다. 투자자들이 가장 어렵게 생각하는 부분이 바로 지역을 선정하는 일이다. 선점의 타이밍 또한 중요하다. 시기가 맞지 않으면 분명히 대가를 지불해야 한다. 너무 빠르면 오래 기다려야 하기 때문에 기회비용의 지출이 크고, 너무 늦으면 투자금은 많아지고 수익은 적어진다. 부동산은 기다리는 투자를 해야 한다. 기다리는 투자란 지역을 선점하고, 느긋하게 추이를 지켜보는 것이다. 기다리는 투자를 가능하게 하는 것은 바로 꾸준한 공부와 모니터링이다. "몸이 멀어지면 마음도 멀어진다"는 말이 있다.

이 말을 투자에 적합한 말로 바꾸면 "돈이 없으면 관심도 없어진다"는 말이 된다.

미래를 준비하는 관점에서 현재의 부족함을 극복해야 꾸준한 모니터링이 가능하다. 적당한 투자 지역을 선정했다고 해도 실행에 옮기기까지 끝도 없는 고민을 한다. 초보 투자자라면 말로 다 할 수 없는 혼란에 빠진다. '투자를 할까, 말까?' 누구나 시행착오를 거친다. 초보자들이 가장 어려워하는 부분이 바로 투자 지역 선정이다.

그다음 단계가 실행에 옮기는 것인데, 이때 머뭇거리는 이유는 딱 하나다. 확신이 없기 때문이다. 좋은 투자 지역을 선정해놓고도 나의 선택이 옳은지 아닌지 판단이 서지 않을 때가 많다. 바로 실패에 대한 두려움 때문이다.

이런 두려움을 극복하기 위해서 평소에 실력을 쌓아두어야 한다.

또한 투자를 결심하고 실행에 옮길 때는 실패에 대해 관대해질 필요가 있다. 누구나 이런 단계를 거친다.

영국의 제임스 다이슨은 5126번을 실패하고, 5127번째 시제품 제작에 성공하여 12년 만에 가장 비싸고 가장 아름다운 청소기를 만들었다. 이렇듯 그는 실패를 자양분 삼아 진공청소기 분야에서 세계 최고가 되었다.

투자 지역 어떻게 검색할까?(1단계)
– 지역 검색법

　　투자 지역 선정 및 물건 선정은 투자의 가장 중요한 요소 중 하나다. 문화와 패션에 유행이 있듯 부동산 투자에도 트렌드가 있다. 2000년대 중반 기업도시, 혁신도시 바람은 매우 뜨거웠다. 당시 혁신도시와 기업도시는 지방 투자의 핵심이었다. 혁신도시는 수도권에 집중되어 있는 공공기관을 지방으로 이전하면서 생기는 도시이고, 기업도시는 지자체들이 기업을 유치해 생기는 도시다. 하지만 공공기관의 이전이 지지부진해졌고, 기업 유치가 원활하지 못한 곳이 많아 투자자들의 관심에서 멀어진 지 오래다.

　　투자 지역 선정은 크게 2단계로 이루어진다. 1단계는 지역 검색법이다. 1단계 지역 선정 방법은 일자리, 인구, 호재로 지역을 선정하는 방법이다. 우리나라는 1개의 특별시, 6개의 광역시, 8개의 도, 1개의 특별자치시, 1개의 특별자치도로 구성되어 있다. 또한 6개의 광역시와 8개의 도에는 75개의 자치시와 83개 군이 설치되어 있다. 이 많은 도시 중 투자 지역을 시 또는 군 단위까지 선정하는 방법이 지역 검색법이다.

2단계 투자 물건 검색법은 지역 검색법을 통해 추려진 지역 중에서 투자할 가치가 있는 물건을 고르는 방법이다. 지역 검색법보다 좀 더 세분화하는 방법이다. 부동산의 수요와 공급, 미분양 추이, 전세가 상승률 추이, 전세가율 추이, 거래량 등에 대한 분석이 필요하다.

먼저 1단계로 지역을 선정하는 방법부터 살펴보자. 부동산 투자와 부동산 시장에 대한 거시적인 안목을 기르는 훈련이라고 생각하고 빠른 시간 내에 습득할 수 있도록 노력하자. 시장을 보는 통찰력을 기를 수 있는 훈련이다.

일자리 검색법

안정적인 월세를 받고, 더불어 시세 차익을 얻을 수 있는 지역을 찾기 위해서는 두 가지 포인트가 필요하다. 바로 일자리와 호재다. 일자리는 산업단지 검색을 통해 알아볼 수 있다. 〈그림 1〉은 한국산업단지공단 홈페이지다. 포털 검색창에 '이클러스터'를 입력하여

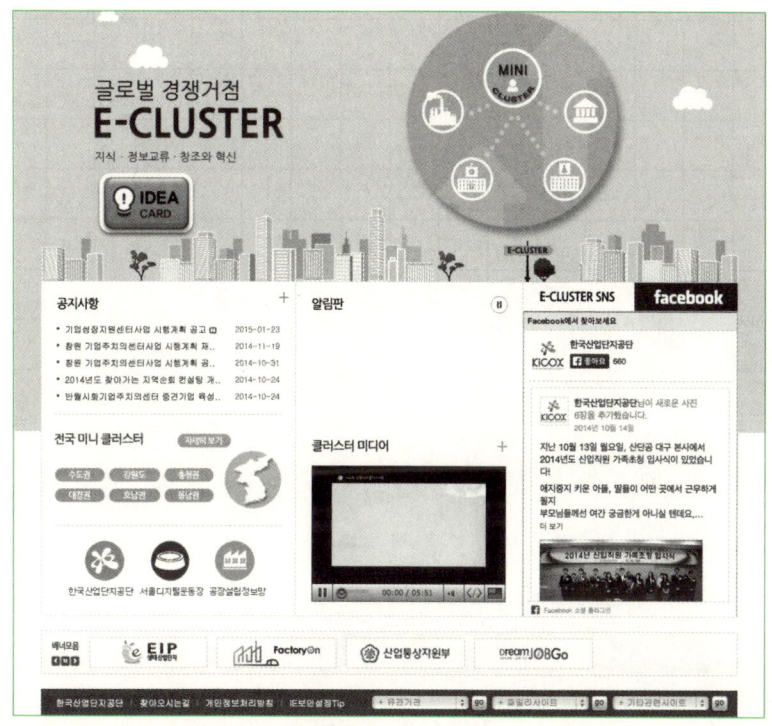

〈그림 1〉 한국산업단지공단 홈페이지
https://www.e-cluster.net/new_app/main/login/index.jsp

찾아보면 된다.

위 홈페이지에서는 투자에 도움이 되는 많은 자료들을 볼 수 있
다. 산업단지 현황, 산업단지 통계, 각종 보고서들을 참고할 수 있
다. 산업단지는 크게 국가산단, 일반산단, 농공단지, 외국인 투자기
업 전용산단, 자유무역 지역, 도시첨단산단으로 분류된다.

해당 지역 지도를 클릭하면 〈그림 2〉와 같이 산업단지 현황을 볼

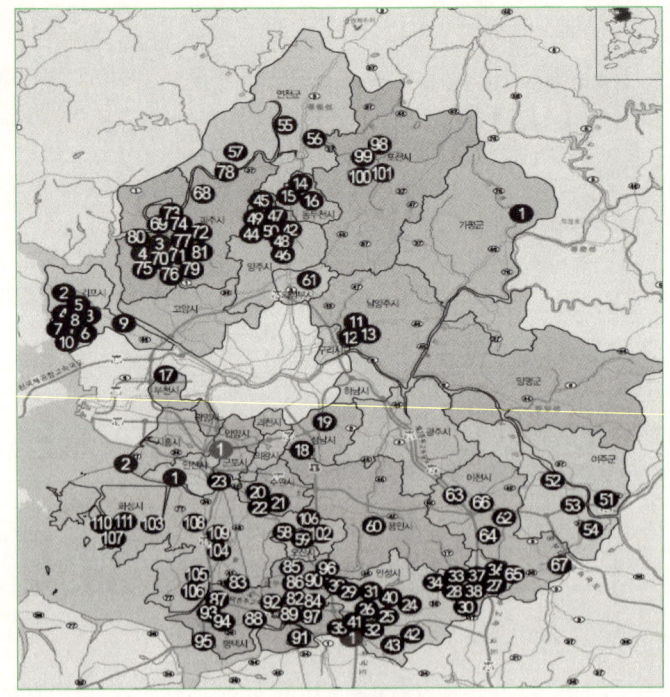

<그림 2> 경기도 산업단지

수 있다. 초보자는 자신의 거주지 주변부터 시작하는 것이 좋다.

먼저 경기도의 산업단지 현황을 보면 〈그림 2〉와 같이 국가산단 4곳, 지방산단 111곳, 농공단지 1곳, 도시첨단산단 1곳으로 총 117곳이 있다.

산업단지가 경기 남부와 북부에 넓게 포진되어 있는 것을 볼 수 있다. 이 많은 산업단지 중에서 어느 곳을 투자 지역으로 선정해야 할까? 우선 밀집도가 가장 높은 지역부터 살펴보는 것이 좋다. 어떤

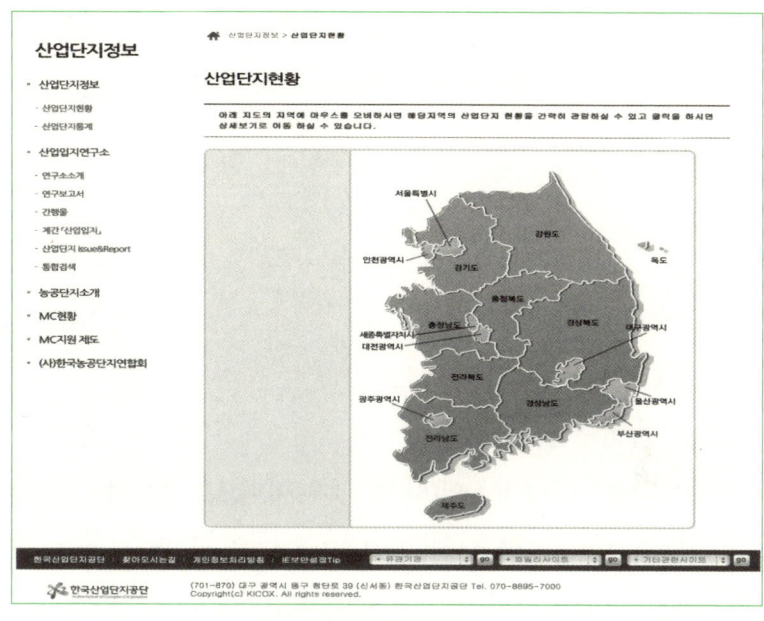

<그림 3> 산업단지 현황

종류의 산업단지가 있는지, 산업단지에는 어떤 기업들이 있는지를 파악해야 한다.

양질의 수요가 주거지의 질을 결정하고, 집값을 결정한다.

구미, 울산, 수원, 천안, 파주의 공통점이 있다. 대기업 입주 지역이라는 점이다. 이 지역들은 물가가 비싼 편이다. 지역민들의 소득 수준이 타 지역에 비해 높기 때문이다. 산업단지에 어떤 기업들이 입주해 있으며, 산업단지 매출 규모는 어느 정도인지, 매출 및 종업 원 수의 증감 추이는 어떤지를 잘 파악해야 한다. 지금 언급한 내용들만 파악해도 해당 산업단지가 확장되는 추세인지 축소되는 추세인지를 알 수 있다.

인구 유입 검색법

일자리와 인구 증감은 매우 밀접한 상관관계가 있지만 항상 인구 유입 수가 일자리 증가를 의미하는 것은 아니므로 주의하자. 예를 들어 김포신도시를 살펴보면, 2014년 7월과 8월 한 달 사이에 인구가 무려 3200명이나 증가했다. 이는 일자리로 인한 인구 유입이 아닌 분양된 아파트의 입주 시기에 따른 유입이라는 것을 알아야 한다. 이렇듯 투자자는 인구가 증가하는 것 하나만 보지 말고 증가하는 원인을 파악해야 한다. 일반인이 통계청 사이트나 행정자치부 사이트를 검색할 일은 거의 없다. 하지만 투자자에게는 매우 유용한 사이트다. 통계는 기준 시점과 비교 시점에 따라 결과가 다르게 나타날 수 있지만, 참고 자료로 활용할 가치가 충분히 있다.

행정자치부의 주민등록 통계 자료와 통계청 자료를 활용한 물건 검색법을 살펴보자.

행정자치부 사이트에 접속해서 정책 자료 → 통계 → 주민등록 통계를 클릭한다(〈그림 4〉 참조).

〈그림 4〉 행정자치부 사이트

주민등록 인구 통계 첫 화면은 〈그림 5〉와 같다.

화면 좌측에 있는 메뉴를 클릭하면 다양한 자료를 볼 수 있다. 공시 자료를 다운로드 하면 원하는 자료를 얼마든지 읽을 수 있다.

〈표 1〉은 공시 자료를 가공하여 경기도 인구 순위 및 2014년 7월부터 2014년 8월까지의 인구 증감 여부를 확인하고자 만든 자

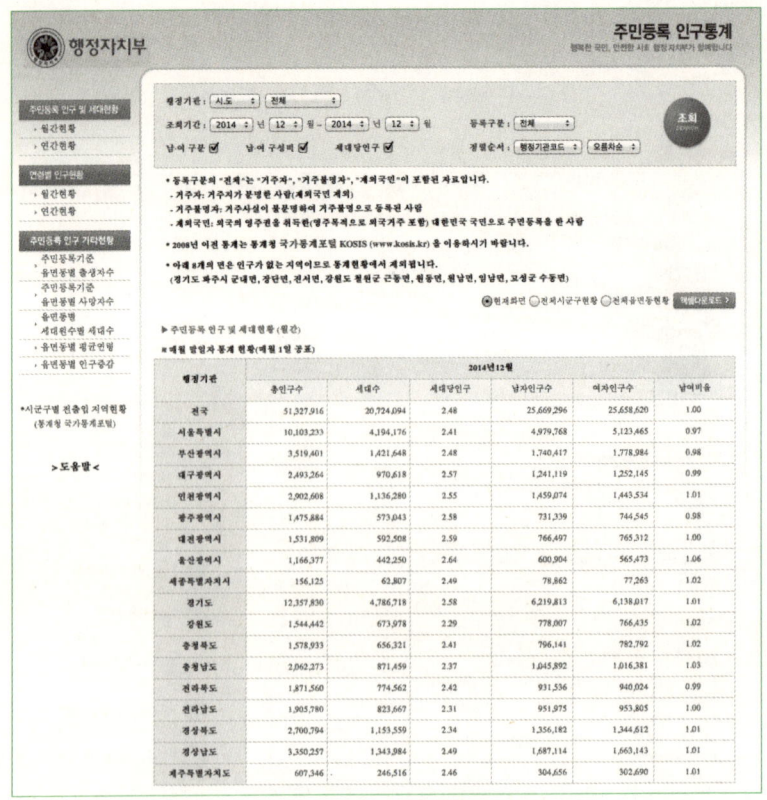

행정자치부 주민등록 인구통계

행복한 국민, 안전한 사회 함께 만드는 자치부가 함께합니다

행정기관: [시도 ▼] [전체 ▼]					
조회기간: 2014 년 12 월 ~ 2014 년 12 월			등록구분: [전체 ▼]		초회
남여구분 ☑ 남여구성비 ☑ 세대당인구 ☑			정렬순서: [행정기관코드 ▼] [오름차순 ▼]		

- 등록구분은 '전체'와 '거주자', '거주불명자', '재외국민'이 포함된 자료입니다.
  - 거주자: 거주지가 분명한 사람(재외국민 제외)
  - 거주불명자: 거주사실이 불분명하여 거주불명으로 등록된 사람
  - 재외국민: 외국의 영주권을 취득한(영주권자와 외국거주포함) 대한민국 국민으로 주민등록을 한 사람
- 2008년 이전 통계는 통계청 국가통계포털 KOSIS (www.kosis.kr) 를 이용하시기 바랍니다.
- 아래 8개의 읍면 인구가 없는 지역이므로 통계현황에서 제외됩니다.
  (경기도 파주시 군내면, 장단면, 진서면, 강원도 철원군 근동면, 원동면, 원남면, 임남면, 고성군 수동면)

○현재화면 ○전체시구군현황 ○전체읍면동현황 [엑셀다운로드 >]

▶ 주민등록 인구 및 세대현황 (월간)
■매월 말일자 통계 현황(매월 1일 공포)

행정기관	2014년 12월					
	총인구수	세대수	세대당인구	남자인구수	여자인구수	남여비율
전국	51,327,916	20,724,094	2.48	25,669,296	25,658,620	1.00
서울특별시	10,103,233	4,194,176	2.41	4,979,768	5,123,465	0.97
부산광역시	3,519,401	1,421,648	2.48	1,740,417	1,778,984	0.98
대구광역시	2,493,264	970,618	2.57	1,241,119	1,252,145	0.99
인천광역시	2,902,608	1,136,280	2.55	1,459,074	1,443,534	1.01
광주광역시	1,475,884	573,043	2.58	731,339	744,545	0.98
대전광역시	1,531,809	592,508	2.59	766,497	765,312	1.00
울산광역시	1,166,377	442,250	2.64	600,904	565,473	1.06
세종특별자치시	156,125	62,807	2.49	78,862	77,263	1.02
경기도	12,357,830	4,786,718	2.58	6,219,813	6,138,017	1.01
강원도	1,544,442	673,978	2.29	778,007	766,435	1.02
충청북도	1,578,935	656,321	2.41	796,141	782,792	1.02
충청남도	2,062,273	871,459	2.37	1,045,892	1,016,381	1.03
전라북도	1,871,560	774,562	2.42	931,536	940,024	0.99
전라남도	1,905,780	823,647	2.31	951,975	953,805	1.00
경상북도	2,700,794	1,153,559	2.34	1,356,182	1,344,612	1.01
경상남도	3,350,257	1,343,984	2.49	1,687,114	1,663,143	1.01
제주특별자치도	607,346	246,516	2.46	304,656	302,690	1.01

주민등록 인구 및 세대현황
· 월간현황
· 연간현황

연간별 인구현황
· 월간현황
· 연간현황

주민등록 인구 기타현황
· 주민등록기준
· 읍면동별 출생자수
· 주민등록기준
· 읍면동별 사망자수
· 읍면동별 세대원수별 세대수
· 읍면동별 평균연령
· 읍면동별 인구증감

*시군구별 전출입 지역현황
(통계청 국가통계포털)

>도움말<

<그림 5> 행정자치부 주민통계 자료

료다.

표를 통해 알 수 있는 정보는 경기도 내에서도 성장하는 지역이
있는가 하면, 쇠락하는 지역이 있고, 인구 및 세대수가 증가하는 지
역이 있다는 것이다. 투자 물건을 검색할 때에는 인구 및 세대수가
지속적으로 늘어나는 지역 위주로 검색해야 한다. 하지만 앞서 김

<표 1> 2014년 7월과 8월 사이·경기도 시군별 인구 변화

경기도	2014년 7월 기준			2014년 8월 기준			증감현황			비고
	남	여	계	남	여	계	남	여	계	
수원	587,330	578,783	1,166,113	588,041	579,448	1,167,489	711	665	1,376	
성남	487,257	490,810	978,067	486,861	490,546	977,407	-396	-264	-660	
의정부	213,114	218,145	431,259	213,092	218,163	431,255	-22	18	-4	
안양	300,397	302,578	602,975	300,108	302,218	602,326	-289	-360	-649	
부천	429,556	428,564	858,120	429,117	428,253	857,370	-439	-311	-750	
광명	173,696	176,630	350,326	173,450	176,462	349,912	-246	-168	-414	
평택	227,108	219,277	446,385	227,415	219,500	446,915	307	223	530	
동두천	48,707	48,736	97,443	48,658	48,728	97,386	-49	-8	-57	
안산	364,491	346,820	711,311	363,985	346,327	710,312	-506	-493	-999	
고양시	492,499	507,474	999,973	492,975	508,082	1,001,057	476	608	1,084	
과천시	34,150	35,978	70,128	34,161	36,021	70,182	11	43	54	
구리시	93,900	94,219	188,119	93,752	94,146	187,898	-148	-73	-221	
남양주시	315,667	314,752	630,419	315,982	315,142	631,124	315	390	705	
오산시	106,475	101,517	207,992	106,566	101,506	208,072	91	-11	80	
시흥시	206,947	187,398	394,345	207,174	187,650	394,824	227	252	479	
군포시	143,521	144,849	288,370	143,584	145,049	288,633	63	200	263	
의왕시	79,794	79,738	159,532	79,707	79,685	159,392	-87	-53	-140	
하남시	74,174	71,373	145,547	74,966	72,141	147,107	792	768	1,560	
용인시	475,162	480,137	955,299	475,985	480,781	956,766	823	644	1,467	
파주시	206,449	199,780	406,229	207,233	200,546	407,779	784	766	1,550	
이천시	104,850	101,363	206,213	104,812	101,338	206,150	-38	-25	-63	
안성시	93,221	89,378	182,599	93,342	89,399	182,741	121	21	142	
김포시	165,757	163,695	329,452	167,373	165,291	332,664	1,616	1,596	3,212	
화성시	276,887	258,996	535,883	277,388	259,282	536,670	501	286	787	
광주시	151,597	142,858	294,455	152,081	143,243	295,324	484	385	869	
양주시	101,507	98,038	199,545	101,734	98,321	200,055	227	283	510	
포천시	81,667	74,310	155,977	81,601	74,235	155,836	-66	-75	-141	
여주시	55,514	54,363	109,877	55,564	54,435	109,999	50	72	122	
연천군	23,676	21,964	45,640	23,668	21,951	45,619	-8	-13	-21	
가평군	31,390	29,855	61,245	31,388	29,888	61,276	-2	33	31	
양평군	53,035	51,776	104,811	53,115	51,815	104,930	80	39	119	

포의 사례에서 볼 수 있듯이 인구 유입의 원인이 무엇인지 정확하게 파악한 후에 투자 물건을 좁혀가는 과정이 필요하다.

호재 검색법

부동산에서 호재는 매매가 상승의 직접적인 원인이다. 하지만 매매가 상승을 견인하는 호재가 있는 반면에 빛 좋은 개살구도 많기 때문에 유의해야 한다. 각종 개발 사업은 정치논리에 의해 반짝했다가 무산되는 경우도 많고, 지지부진하지만 언젠가는 실현될 호재도 있다. 이 둘을 구별해내는 감식안이 필요하다. 인터넷 포털사이트에는 지역별로 호재를 검색할 수 있는 기능이 있다. 네이버를 예로 들어보자.

2013년 상반기부터 하반기까지 투자했던 평택 지역의 뉴스를 살펴보겠다.

네이버 부동산 클릭 → 뉴스 클릭 → 우리 동네 뉴스 클릭 후 지역 선택에서 경기도 평택시를 선택한다. 나는 평택 산업단지 인근의 66~99제곱미터(20~30평)의 아파트에 투자했다. 평택의 발전 가능성을 높게 보았고, 고덕과 연계한 주변의 협력업체 입주 가능성을 생각했기 때문이다. 〈그림 6〉에서 보는 바와 같이 평택은 지금 각종 호재들로 넘쳐나며, 산업단지 인근의 임대 수요가 풍부하여 관리가

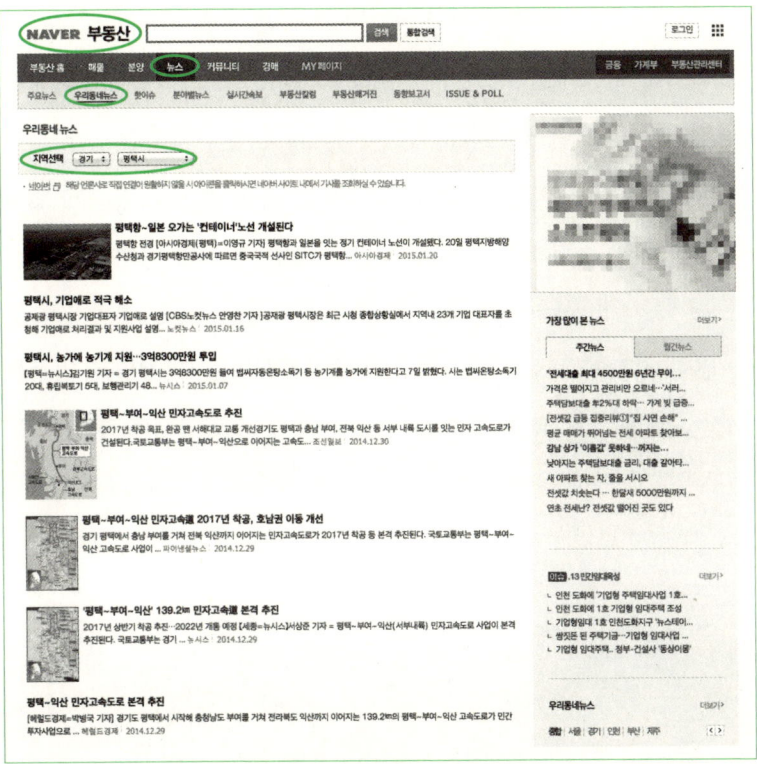

〈그림 6〉 네이버 평택 지역 뉴스

수월하다. 투자하고 1년 6개월 정도 지난 지금, 매매가와 전세가 모두 3000~4000만 원가량 상승한 상태다.

　　이런 방식으로 해당 지역의 호재에 대한 헤드라인을 검색하고, 더 궁금한 점이 있다면 집중적으로 검색할 필요가 있다. 대기업 입주, 지하철 개통, 도로 건설, 쇼핑센터 건설, 터미널 이전, 시청·도청 이전, 도시 통합 등도 매우 중요한 호재다.

앞에서 살펴본 자료가 미진하다고 느끼면 해당 지자체 주무부서에 전화하여 호재를 확인하는 방법도 있다. 초보 투자자는 관공서에 전화를 하거나 방문하는 일을 어려워하거나 꺼려한다. 하지만 이런 일에 소극적이면 안 된다. 스스로 정보를 찾고 가공하는 일을 즐겨야 하며, 주변에 아무리 믿을 만한 멘토가 있다 하더라도 스스로 문제를 해결하려는 노력과 의지가 필요하다. 가장 정확하고 믿을 만한 기관이 바로 지방자치단체 주무부서다. 지자체별로 업무를 추진하는 부서가 다를 수 있으므로 안내 부서를 통하여 정확한 주무부서를 확인한 후 문의한다.

투자 지역 어떻게 검색할까?(2단계)
– 투자 물건 검색법

    1단계 검색 방법으로 시 또는 군 단위로 지역을 좁혔다면 이제 해당 지역 내에서 투자 물건을 선정하는 방법을 찾아야 한다. 여기 서는 공급, 미분양 추이, 5분위 지수 파악하기, 전세가율 추이, 전세 가 상승률 추이, 거래량 등에 대해 살펴보겠다.

    투자 유망 지역을 찾아내기 위한 유용한 지표를 공부하는 것이다.

공급 그리고 미분양 파악하기

    부동산이든 주식이든 모든 투자는 기본에 충실해야 한다. 부동산 투자의 기본도 수요와 공급을 파악하는 것이 먼저다.

　　물극필반(物極必反)이라 했다.

　'사물의 형세는 발전이 극에 달하면 반드시 뒤집힌다'라는 뜻이
다. 이 원리가 부동산 시장에서도 그대로 통한다. 미분양이 많아지
면 가격이 하락하고, 가격이 떨어지면 매수자가 나타난다. 찾는 사
람이 많아지면 다시 공급이 생긴다.

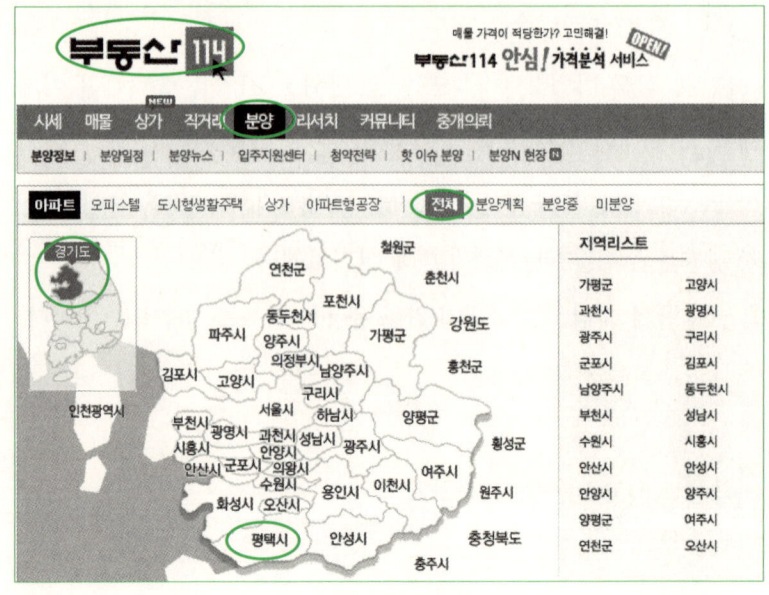

〈그림 7〉 부동산 114

그럼 공급과 미분양 추이를 어디에서 확인해야 할까? 공급은 지자체 홈페이지를 통해 확인할 수 있으며, 각종 포털사이트에도 잘 나와 있다. 앞서 경기도 평택에 대한 이야기를 언급했으니 먼저 평택을 살펴보자. 부동산 114, 닥터아파트, 네이버에서 공급량을 알아보는 방법이다.

다양한 포털사이트에서 정보를 비교하여 공급량을 살펴볼 수 있다. 입주 물량은 매매 가격은 물론 임대 가격에 더 많은 영향을 준다. 입주 물량을 살펴보고 물량이 많다면 어떻게 해야 할까?

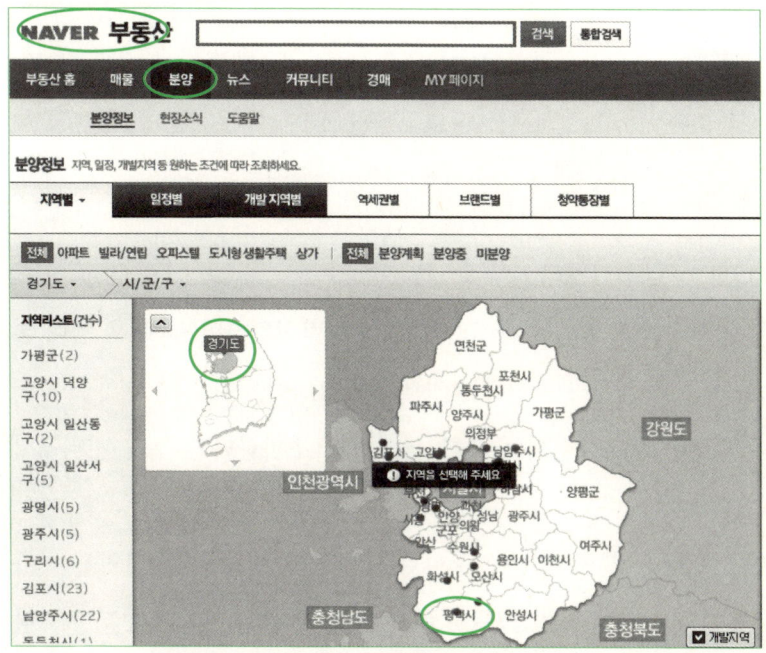

〈그림 8〉 네이버 부동산

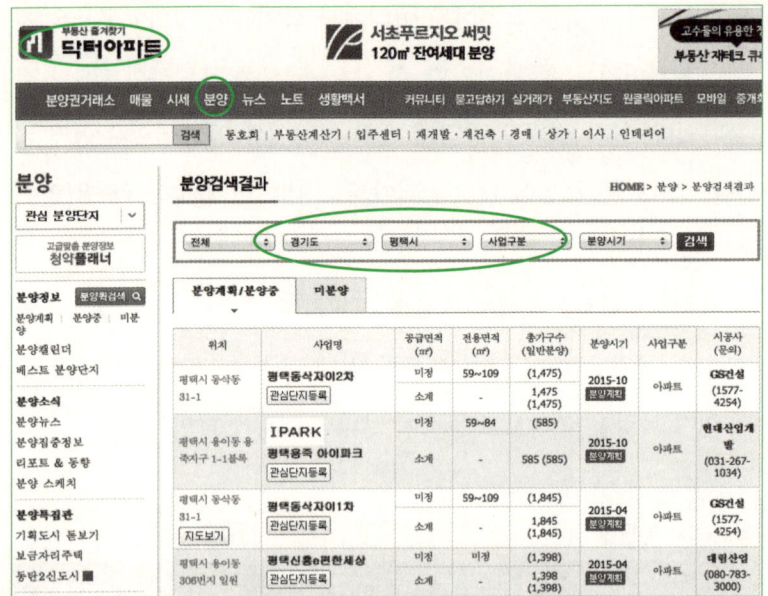

〈그림 9〉 닥터아파트

방법은 두 가지다.

첫째, 입주 물량이 많지만 수요가 뒷받침된다면 투자 후 임대 놓을 시기를 적절히 조절하는 지혜가 필요하다.

둘째, 입주 물량이 수요를 과도하게 초과한다면 투자 지역에서 제외해야 한다.

그다음은 분양 물량을 살펴보도록 한다. 만약 지금 분양을 한다면 입주 시기는 최소 27개월 이후가 될 것이다. 그러므로 분양 물량을 체크할 때는 1~2년 전의 분양 물량을 함께 파악해보고 투자 물

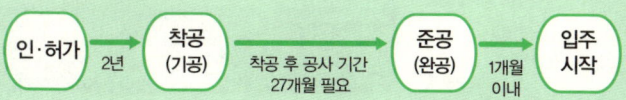

인·허가 → (2년) → 착공(기공) → (착공 후 공사 기간 27개월 필요) → 준공(완공) → (1개월 이내) → 입주 시작

① 건축 용어 이해하기
   · 인·허가: 공사 허가를 의미하며 인·허가 이후 2년 이내에 착공을 해야 한다(의무 착공 기간은 현행 2년이나, 3년으로 완화하는 법안을 추진 중이다).
   · 착공: 공사의 시작(=기공)
   · 준공: 공사의 끝(=완공)
   · 입주: 이사를 시작함
② 국토교통부 통계누리사이트에서 확인할 점은 '인·허가' 물량 및 '준공' 시기다.
③ 준공 시기를 확인하면 입주 시기를 알 수 있다.
④ 입주 물량 확인: LH에서 운영하는 전·월세지원센터에서 확인 가능하며, 3개월 단위로 공시하고 있다. 입주 물량 자료를 게시해놓은 블로거나 부동산 커뮤니티들이 많이 있는데, 자료가 3개월 단위로 바뀐다면 전·월세지원센터의 자료를 올려놓은 것이다.
   또한 각 지자체 개발공사에서도 확인 가능하다.
   부동산 정보 제공업체인 부동산 114, 닥터아파트에서도 확인할 수 있지만 통계가 제각각이라 여러 사이트를 비교 분석하는 것이 좋다.

건을 선별해야 한다.

　다음으로 미분양 자료를 파악해보자. 미분양 추이는 매매가 변동의 지표로 볼 수 있다. 통계청 국가통계포털(KOSIS)은 투자자들이 가장 많이 활용하는 사이트 중 한 곳이다.

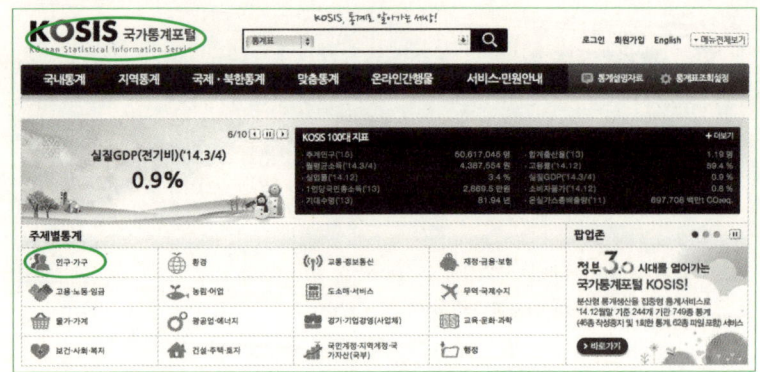

〈그림 10〉 국가통계포털

미분양 지표는 국토교통부에서 제공하는 국토교통 통계누리 사이트에서도 확인이 가능하다.

홈페이지 주소는 http://stat.molit.go.kr/portal/cate/statView.do.

〈그림 11〉과 같이 시·군·구별 미분양 현황을 클릭하여 관심 지역 시·군·구에서 '의정부'를 선택하고, 원하는 기간을 최근 2년 또는 최근 5년을 설정하여 차트 조회 메뉴를 클릭한다.

〈그림 12〉와 같이 2012년 7월부터 2014년 7월까지 의정부시 미분양 현황을 얻을 수 있다.

좌측 상단의 동그라미 메뉴들로 차트의 형태를 바꿀 수 있고, 우측 상단 동그라미 메뉴들은 분석과 편집, 수정 등 다양한 기능을 활용할 수 있다. 통계를 찾고 분석하고 필요한 자료를 얻어내기까지 많은 수고와 시간이 필요한 것은 사실이다. 그렇지만 크게 부담스

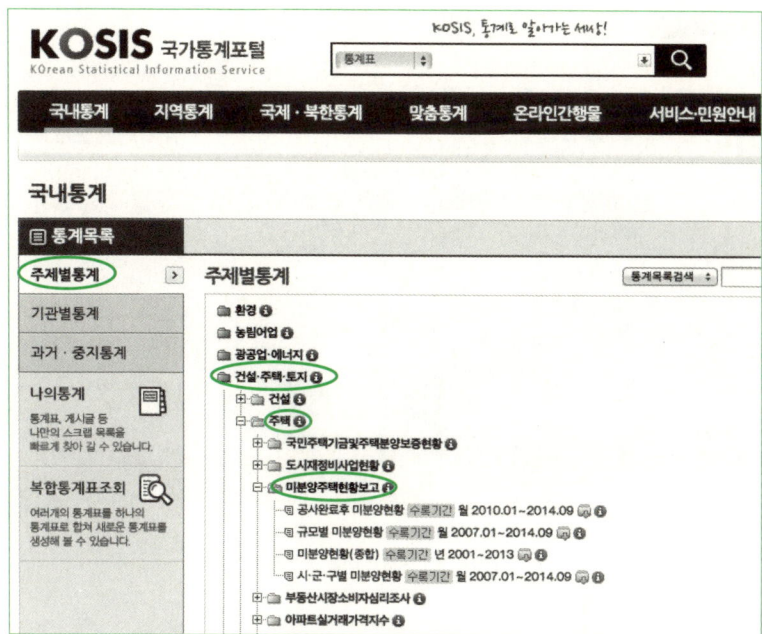

〈그림 11〉 국가통계포털 2

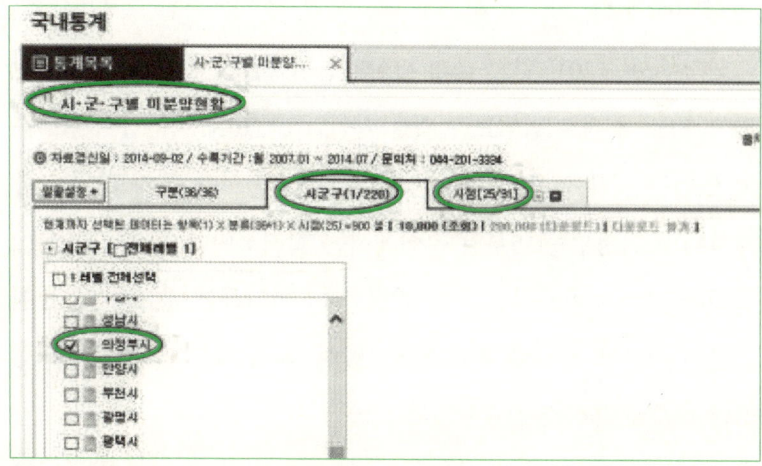

〈그림 12〉 차트 조회 메뉴

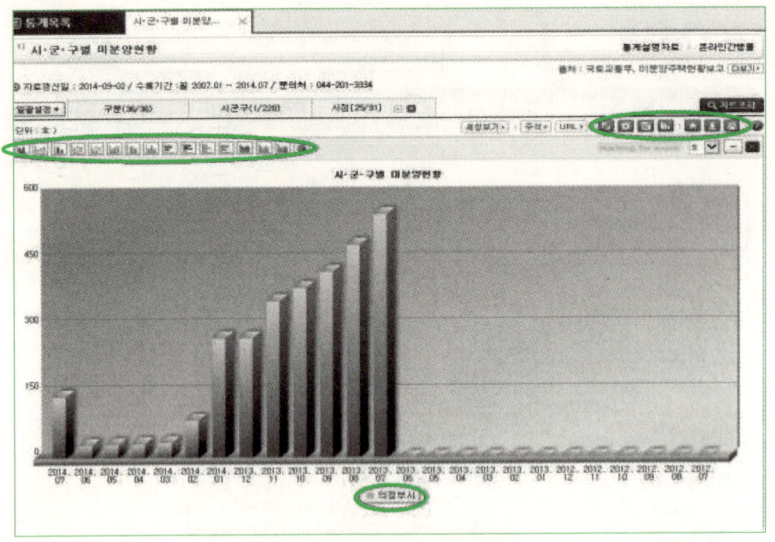

〈그림 13〉 의정부 미분양 현황

럽거나 어려운 내용은 없기 때문에 이것저것 활용해보고 원하는 답을 얻어야 한다.

의정부시는 2013년 공급이 많아지면서 7월에 미분양이 극에 달했고, 감소 추세로 접어드는 것을 확인할 수 있다. 미분양이 감소하고 있다는 것은 매우 긍정적인 신호로 볼 수 있다. 투자 지역을 좁혀간다면 의정부는 미분양 추이에서는 합격점이다. 만약 의정부에 관심이 있는 투자자라면 추가 자료를 더 파악해볼 필요가 있다. 지금까지 미분양 추이에 대해 살펴보았다. 평소 관심 있는 지역이 있다면 미분양 추이를 살펴보도록 한다.

5분위 지수 파악하기

 5분위 지수는 KB부동산알리지(www.kbreasy.com) 자료를 활용하면 된다. 5분위 지수란 주택 가격에 따라 1~5분위로 나누고, 그 자료를 토대로 가장 많이 상승한 분위의 부동산을 집중 분석하는 방법이다. 이 지수는 적절한 평형과 가격대를 찾는 데 유용하다. KB부동산 5분위 지수를 파악하는 방법을 알아보자.

 먼저 KB부동산 통계자료 중 시계열 자료를 다운로드받는다.

 시계열 자료는 엑셀로 작성된 자료로 우측 하단의 5분위 종합 자료와 5분위 아파트 자료를 활용한다.

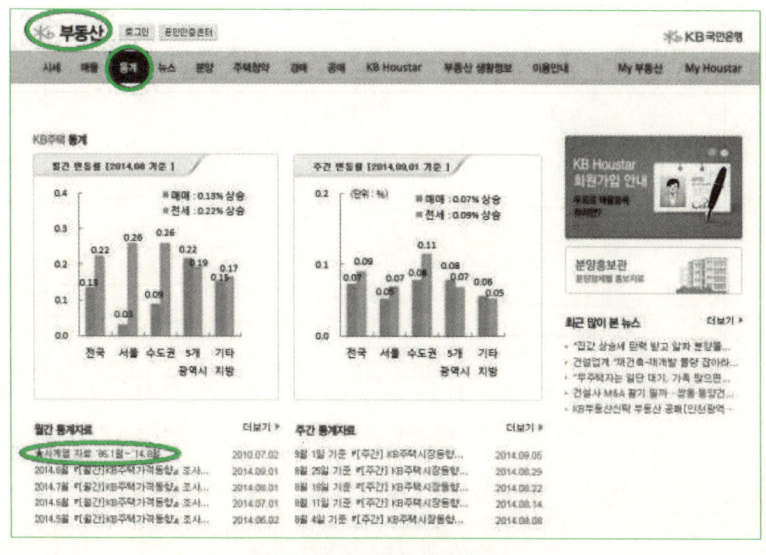

〈그림 14〉 KB부동산 시계열 자료

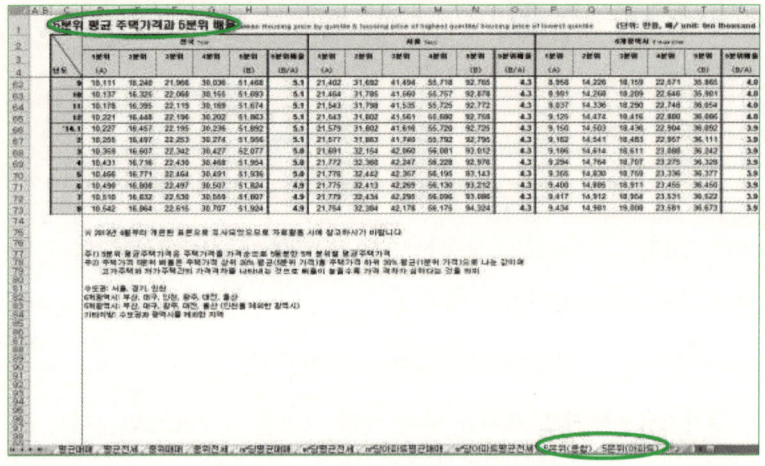

〈그림 15〉 5분위 평균 주택 가격과 5분위 배율

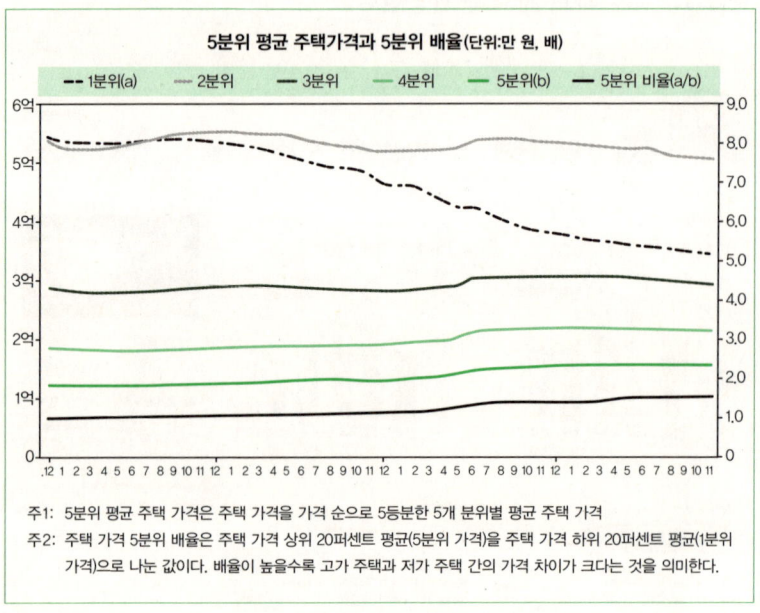

주1: 5분위 평균 주택 가격은 주택 가격을 가격 순으로 5등분한 5개 분위별 평균 주택 가격
주2: 주택 가격 5분위 배율은 주택 가격 상위 20퍼센트 평균(5분위 가격)을 주택 가격 하위 20퍼센트 평균(1분위 가격)으로 나눈 값이다. 배율이 높을수록 고가 주택과 저가 주택 간의 가격 차이가 크다는 것을 의미한다.

〈그림 16〉 5분위 아파트 자료 그래프

5분위 아파트 자료를 그래프로 나타낸 것이 〈그림 16〉이다.

〈그림 17〉은 위 데이터를 가공하여 기울기를 좀 더 크게 나타내 본 것이다.

편차가 확실히 보이는가?

고가 아파트(5분위)의 경우 가격 하락 폭이 가장 크게 나타난다. 다음으로 4분위의 낙폭이 크다. 반면 1~3분위(중저가) 아파트는 꾸준히 우상향의 곡선을 그린다. 여기서 우리가 투자해야 할 아파트의 가격대를 파악할 수 있다. 눈여겨볼 것은 1분위(최저가 아파트)보다 2분위 아파트의 상승률이 높다는 점이다. 2분위 아파트는 지역마다 조금씩 다를 수 있지만, 66제곱미터(20평) 이하의 복도식, 계

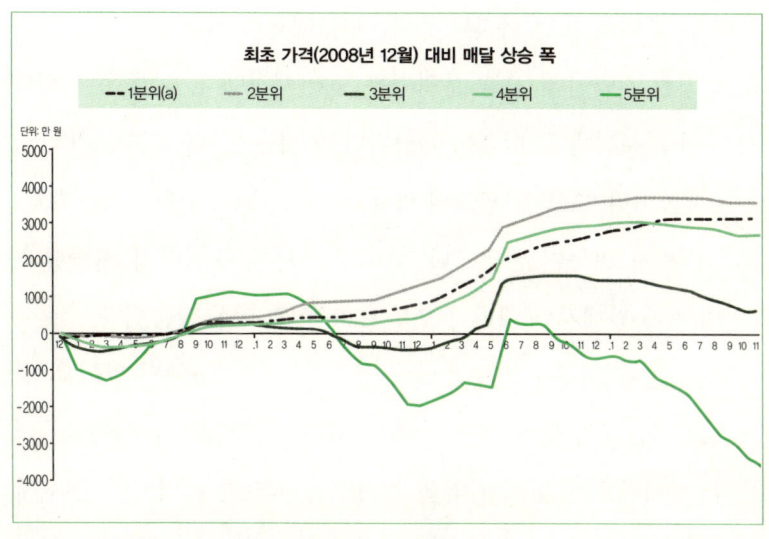

〈그림 17〉 최초 가격 대비 매달 상승 폭

단식 아파트가 주종을 이룬다.

우리의 투자 타깃이 보이는 순간이다.

전세가율 파악하기

전세가율이란 매매 가격 대비 전세 가격의 비율을 말한다. 예를 들어 어떤 아파트의 매매가가 1억 원인데 전세가는 8000만 원이라면 전세가율은 80퍼센트가 된다.

경기도 화성시 병점동 대창그린아파트를 예로 들어보자. 2013년부터 관심 있게 보던 아파트 중 하나다. 병점이 집값 움직임이 없기로 유명한 지역인데, 슬슬 분위기를 타기 시작했다. 다만 동탄 신도시의 입주 시점에 큰 타격이 예상된다. 위치는 〈그림 18〉과 같다.

76제곱미터(23평) 아파트의 매매가 및 전세가 시세 추이를 보면, 2013년까지 변동이 없었으나 2014년 초반에 움직이기 시작했다. 2·4분기에 전세가와 매매가 모두 1000만 원 이상 상승했다.

그럼 전세가율은 어떨까? 매매 상한가는 1억 7000만 원이고, 전세 상한가는 1억 6000만 원이다. 전세가율이 무려 94퍼센트가 넘는다. 전세가율이 높은 지역은 실거주가 탄탄한 지역이다. 전세에는 가수요가 없다. 투자 목적으로 전세를 여러 채 계약하거나 실거

〈그림 18〉 병점 대창그린아파트

주 목적으로 전세를 여러 채 계약하는 사람은 없기 때문이다. 보통 전세 가격이 오르면 매매 가격을 밀어 올리는 현상이 발생하기 때문에 전세가율을 파악하는 것이다. 초보 투자자라면 투자금이 적게 드는 전세가율 높은 아파트의 의미를 잘 기억해두어야 한다.

전세가 상승률 파악하기

대창그린아파트의 전세가 상승률을 보자. 계산의 편의를 위해 전세 하한가 기준으로 상승률을 계산해보겠다. 2013년 9월 1일부터 2014년 9월 1일까지의 전세 하한가 상승 금액은 1500만 원이었다. 1년 사이 전세가 상승률이 약 11퍼센트다. 이는 같은 기간의 매매가 상승률보다 높은 수치로, 매우 가파르게 상승함을 알 수 있다.

전세가 상승률이 높다는 것은 원금 회수 기간이 짧아진다는 것을 의미한다.

투자 지역을 선정할 때 전세가율과 함께 전세가 상승률을 반드시 파악해야 하는 이유다.

앞에서도 언급했듯이, 병점의 경우 동탄 2 신도시의 많은 공급 물량으로 인해 입주 시기에 매매 가격 및 임대 가격 하락이 예상되는 지역이다.

〈그림 19〉는 전세가율 및 전세가 상승률이 높은 지역의 사례일 뿐 투자를 추천하기 어렵다.

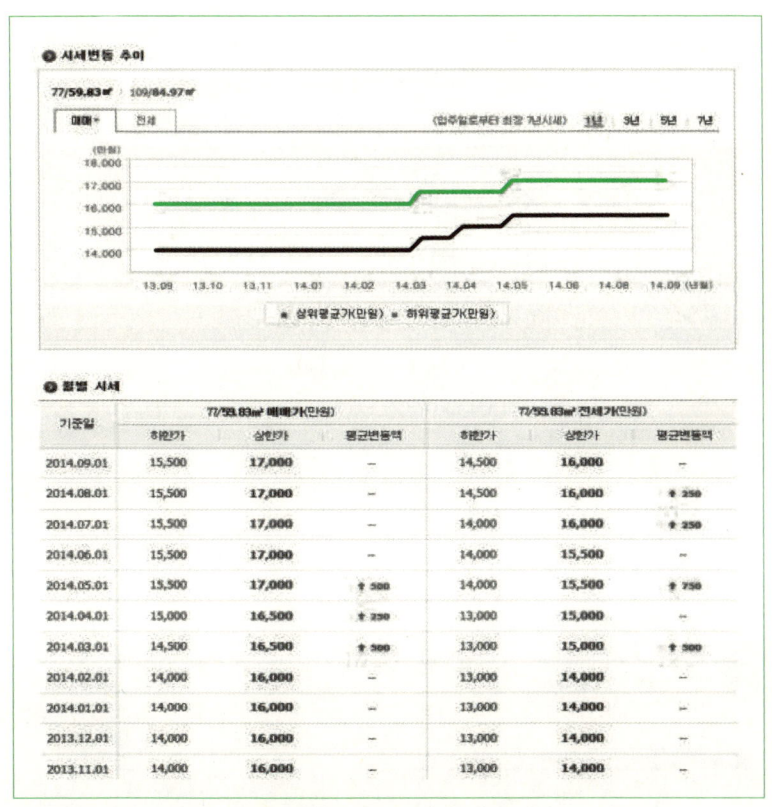

● 시세변동 추이

77/59.83㎡ ¦ 109/84.97㎡

| 매매▾ | 전세 |

(입주일로부터 최장 거년시세)   1년   3년   5년   7년

기준일	77/59.83㎡ 매매가(만원)			77/59.83㎡ 전세가(만원)		
	하한가	상한가	평균변동액	하한가	상한가	평균변동액
2014.09.01	15,500	17,000	–	14,500	16,000	–
2014.08.01	15,500	17,000	–	14,500	16,000	↑ 250
2014.07.01	15,500	17,000	–	14,000	16,000	↑ 250
2014.06.01	15,500	17,000	–	14,000	15,500	–
2014.05.01	15,500	17,000	↑ 500	14,000	15,500	↑ 750
2014.04.01	15,000	16,500	↑ 250	13,000	15,000	–
2014.03.01	14,500	16,500	↑ 500	13,000	15,000	↑ 500
2014.02.01	14,000	16,000	–	13,000	14,000	–
2014.01.01	14,000	16,000	–	13,000	14,000	–
2013.12.01	14,000	16,000	–	13,000	14,000	–
2013.11.01	14,000	16,000	–	13,000	14,000	–

〈그림 19〉 병점 대창그린아파트 시세 변동 추이

거래량 파악하기

거래량은 미분양 증감과 함께 시장의 활성화 정도를 파악하는 지
표다. 잠잠하던 거래량이 늘어나면 시장이 살아난다는 신호로 볼
수 있다. 거래량이 늘어나면 매매가가 움직이기 시작한다. 거래량

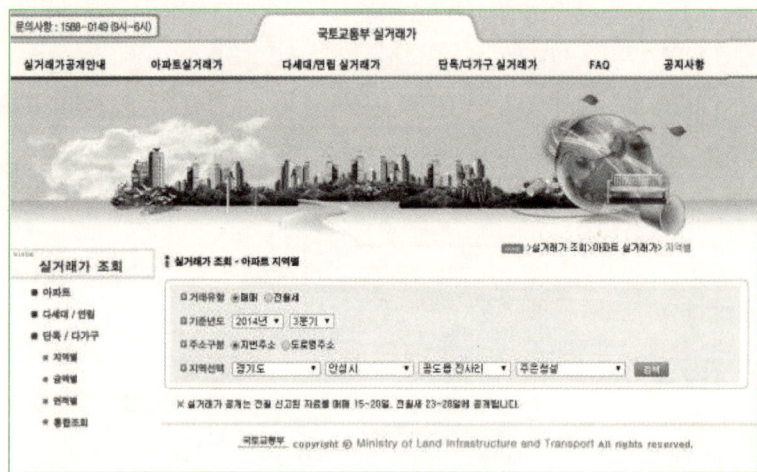

〈그림 20〉 국토교통부 실거래가

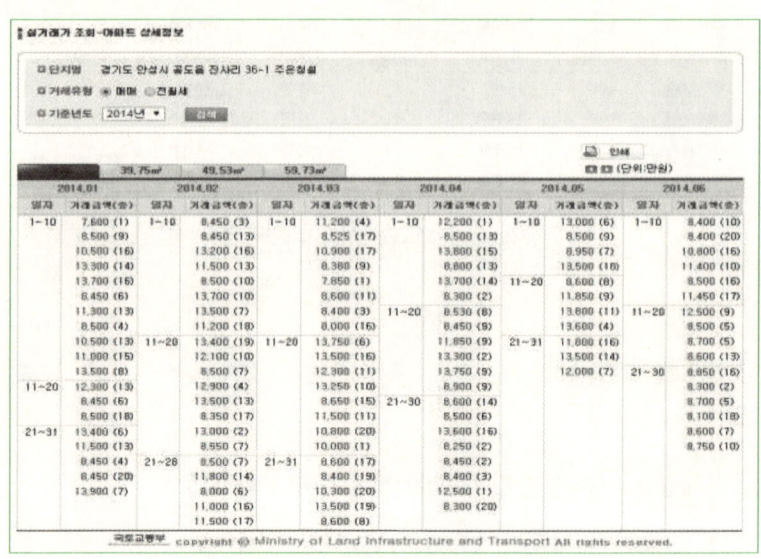

〈그림 21〉 실거래가 조회-아파트 상세 정보

,,,, 소형 아파트 빌라 투자 앞으로 3년이 기회다

이 감소하는 경우는 두 가지다. 매매가 상승에 대한 기대 심리가 아주 높거나 아주 낮아서 팔려고 매물을 내놓는 매도자가 적으면 거래량이 적을 수밖에 없다. 또 거주 여건이 좋아 평균적인 거주 기간이 긴 실수요자 위주의 단지도 거래량이 많지 않다. 거래량은 국토교통부 실거래가 사이트에서 확인할 수 있다.

〈그림 21〉은 경기도 안성 공도읍 주은청설아파트의 거래량을 보여준다.

이것만은 꼭! 꼭!

경기부동산포털(http://gris.gg.go.kr/)

경기도청에서 제공하는 웹 서비스로 각종 부동산 관련 지도와 대장정보, KB국민은행 등의 민간 정보를 조회할 수 있다. 경기도 내 물건의 실거래가 정보는 국토교통부 정보보다 빠르며, 다양한 부가 기능을 이용할 수 있어서 경기도 부동산 정보 이용에 유용하다.

서울부동산정보광장(http://land.seoul.go.kr/land/)

서울특별시의 부동산 종합 정보, 부동산 실거래가 정보, 전세·월세 가격 정보 등 다양한 부동산 정보를 제공받을 수 있다. 서울에 관한 부동산 정보라면 국토교통부 정보보다 더 빠르고 정확하게 파악할 수 있다.

인천시 지도 포털(http://imap.incheon.go.kr/)

인천시에서 제공하는 부동산종합포털서비스로, 실거래가 및 지도 서비스를 빠르고 정확하게 파악할 수 있다.

거래량이 상당히 많음을 알 수 있다. 거래량이 활발하면 매도와 관리가 매우 수월하다. 국토교통부 사이트에서는 매매 거래뿐만 아니라 전세·월세 거래 현황도 함께 제공하고 있으므로 시세를 파악하고자 할 때 참고 자료로 유용하다.

교집합 투자

앞에서 살펴본 바와 같이 물건을 검색하는 방법은 다양하다.

　　교집합 투자는 그 다양한 방법들의 교차점을 모아 투자하는 방법이다.

최근에는 수도권을 중심으로 투자가 이루어지고 있기 때문에 경기권을 예로 들어보겠다. 경기 남부의 큰 호재로는 평택 고덕 신도시 삼성 투자, LG 투자, GTX, 수서발 KTX 등이 있다. 여기에 추가로 해야 하는 일이 인구 유입, 세대수 증가, 주택 공급, 미분양, 거래량을 파악하는 것이다. 인구 유입은 통계청 사이트와 행정자치부 자료를 함께 보는 것이 좋다.

통계청 자료는 5년에 한 번씩 센서스라는 총인구 조사를 통해 발표한다. 자료 갱신 기간이 5년에 한 번이다 보니 최신 정보를 얻기 어렵다는 단점이 있다. 이에 비해 행정자치부 자료는 주민등록 전출·전입 자료가 통계로 나타나기 때문에 더 빠르고 정확하게 알 수 있다. 이런 이유로 두 가지 자료를 병행해서 보는 것이 좋다.

경기 남부 중에서 위의 호재들이 해당하는 지역을 경기도 → ○○시 → ○○구 → ○○동까지 세분화하여 호재들이 겹치는 지역을 찾아내는 작업이 필요하다.

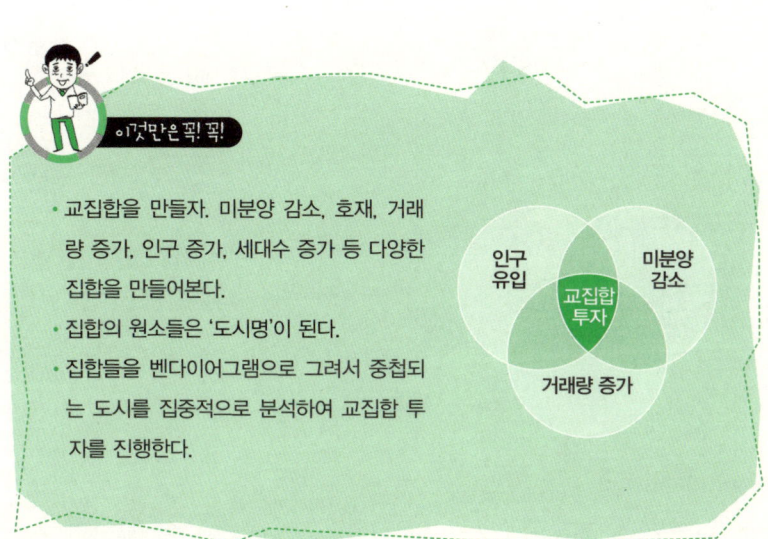

이것만은 꼭! 꼭!

- 교집합을 만들자. 미분양 감소, 호재, 거래량 증가, 인구 증가, 세대수 증가 등 다양한 집합을 만들어본다.
- 집합의 원소들은 '도시명'이 된다.
- 집합들을 벤다이어그램으로 그려서 중첩되는 도시를 집중적으로 분석하여 교집합 투자를 진행한다.

인구 유입 / 미분양 감소 / 거래량 증가 / 교집합 투자

3장

이렇게 사고팔아야
진짜 돈 된다

· 실전 투자, 현장 실무 ·

부동산 투자의 사이클은
반복된다

　부동산 투자는 물건 검색 → 매수→ 보유·관리→ 매도 사이클의 반복이다. 한 번 매수한 부동산은 끝까지 팔지 않고 보유해야 큰 이익이 난다고 주장하는 사람들이 있다. 반은 맞고 반은 틀린 말이다.

　부동산에는 흐름이 있다. 지역이나 상권이 시대나 교통에 따라 바뀌고, 투자 트렌드도 바뀐다. 한때 돈이 있어도 못 산다던 재건축·재개발 투자는 사업성 악화와 지구 해제로 인해 관심 밖으로 밀려난 곳이 많다. 팔지 못하고 가지고 있던 투자자들은 하우스 푸어로 주저앉은 지 오래다. 흐름을 타지 못하고 결혼해서 지금까지 40여 년 동안 한 지역에 거주하는 사람들 중에 처음 매수했을 때와 지금의 가격이 비슷한 경우도 자주 본다. 그만큼 부동산은 적절한 시기에 매도하고 갈아타는 것이 중요하다.

부동산 시장의 흐름이 변한다는 것을 알았다면 시장에 대응하려는 노력이 필요하다. 물건 검색이란 투자할 물건을 찾거나 실제로 거주할 물건을 찾는 것이다. 투자의 첫발을 내딛는 단계다. 서울에서 부산으로 가는 방법은 버스, KTX, 비행기, 자가용 등 매우 다양하다. 부동산 투자에서 물건을 검색하는 방법도 이와 마찬가지로 매우 다양하다.

현금 흐름을 위한 투자인지 시세 차익을 위한 투자인지 또는 그 외 다른 목적의 투자인지를 정하는 일이 중요하다. 투자 목적은 연령대, 자산 현황, 투자 성향 등에 따라 다양하다. 예를 들어 월세를 받는 게 목적이라면 현금 흐름을 위한 투자다. 매수 후 매도를 통해 양도 차익을 바라는 것이라면 자본 이득에 초점을 맞춘 투자다. 월세가 높은 지역이 있고, 전세가가 높은 지역이 있다. 거주에는 적당하지만 투자에는 적당하지 않고, 투자에는 적당하지만 거주에는 적당하지 않은 지역도 있다. 따라서 투자 목적과 투자자의 상황에 맞게 적절한 물건을 검색하여 투자를 결정해야 한다.

앞 장의 검색 방법을 통해 투자하고 싶은 물건을 검색했다면 다음에는 물건이 있는 곳을 직접 가볼 필요가 있다. 검색한 물건지를 다 가보면 좋겠지만 현실적으로 불가능하다. 시간과 비용이 만만치

않기 때문이다. 마음에 드는 물건이 있어 최종적인 의사 결정을 하는 전 단계에서는 직접 가서 물건을 확인해야 한다.

부동산의 매수란 계약금 → 중도금 → 잔금을 지불하고 소유권 이전이 완료된 상태를 말한다. 부동산을 매수하려면 매매 대금 외에도 부대비용이 들어간다. 초보자들이 간과하는 것 중 하나가 부대비용이다. 부대비용을 생각하지 않고 매매 계획을 세웠다가 낭패를 보는 경우가 간혹 있다. 부대비용에는 취득세, 등기비용, 법무사 수수료, 중개수수료 등이 포함된다. 부동산 중개수수료는 법정요율이 정해져 있으므로, 그 범위 안에서 협의해서 결정하면 된다.

수수료 때문에 종종 분쟁이 생기기도 한다. 계약이 성사되었다가도 수수료 문제로 다툼이 생겨 계약을 취소하는 경우도 있으므로 법정 수수료율을 참고하여 합리적인 선에서 비용을 지불할 필요가 있다. 막무가내로 중개수수료를 깎으려고 억지를 부려도 곤란하지만, 금액이 큰 거래에서 중개인이 수수료 조정 없이 악착같이 받으려는 경우도 분란을 일으킨다. 혹자는 중개수수료를 많이 깎았다고 자랑하는데, 이는 그다지 바람직하지 않다. 자신의 이득을 위해 타인의 정당한 대가를 무시한 행위이기 때문이다.

중개수수료는 부동산 중개인의 서비스에 대한 대가라는 점을 잊어서는 안 된다.

눈앞의 작은 이익을 챙기느라 훗날의 큰 이익을 놓치는 우를 범해서는 안 된다. 아파트의 경우 선수관리금 또는 선수예치금이라는 부대비용이 있다. 최초 입주자 또는 매도인이 보증금 형식으로 예치해놓은 돈이다. 거래 시 매수자가 부담하는 비용이다. 잔금을 지불하고 소유권 이전 등기를 마치면 온전히 내 집이 된다. 이제 보유하면서 현금 흐름을 만들거나 수익이 날 때 매도하면 된다.

그럼, 어떻게 잘 가지고 있어야 할까?

투자 목적의 집이라면 먼저 임차인을 구해야 한다. 이때부터 신경 쓸 일이 많아진다. 임대사업을 쉽게 생각하는 사람들이 있다. 혹자는 불로소득이라고 얘기한다. 임대소득과 지료에 대한 불편한 시각은 애덤 스미스의 《국부론》에서 기인하지 않았나 싶을 정도로 오래된 이야기다. 여간 불편한 게 아니지만, 보이는 게 다가 아니므로 감내해야 할 부분이다. 임대사업이 쉬운 것 같지만 생각보다 복잡하고 피곤한 일이 많다. 그것을 다 감내해야 진정한 임대사업자가 될 수 있지 않을까 생각한다. 요구 사항이 많은 임차인(악성 임차인 중 하나라고 얘기한다)을 만나면 힘들다. 어디까지 임대인이 부담해야 하는지 판단 기준이 불명확한 데다 쉽게 협의가 되지 않아 언성이 높아지는 일도 생긴다.

임차인의 요구가 있을 때에는 신속하게 대응하는 것이 좋다. 임차인이 부담할 부분과 임대인이 부담할 부분에 대한 판단을 잘해야 한다. 경험이 없으면 임차인이 요구하는 대로 다 들어주어야 하는 경우도 생긴다. 계약이 끝난 후 임차인을 구해야 하는 상황이 되면 임차인을 빨리 구할 수 있는 방법은 무엇인지, 임대차 계약 시 특약 사항에 어떤 문구를 넣어야 하는지 등등을 고민해야 한다.

전세 투자의 경우 전세 임차인을 구해서 잔금을 지불한다는 특약을 넣으면 좋다(대부분의 중개인들은 이를 부담스러워하고, 문서로 작성하는 것을 꺼린다). 임차인을 늦게 구할 수도 있는 상황을 감안해 플랜 B(비상대책)도 준비해야 한다. 대출 가능 금액을 확인하고, 최악의 경우를 대비하는 것이라 할 수 있다.

부동산 투자에 '진상 3종 세트'라는 말이 있다. '진상 매도인, 불통 임차인, 어리바리 부동산 중개인'을 일컫는 말이다. 이런 사람을 만나면 힘이 배로 든다. 사소한 소모품까지 전화해서 교환해달라는 임차인도 있다. 관리비를 상습적으로 체납하는 임차인도 있고, 심지어 야반도주하는 임차인도 있다. '설마?' 하는 일이 생각보다 자주 일어난다. 누수가 있는데도 임대인에게 아무 연락을 취하지 않는 임차인도 있다. 집주인과의 관계를 부담스러워하거나 변상하라고 할까 봐 지레 겁을 먹고 연락을 못하는 것이다. 오랫동안 임대를 하다 보면 반드시 겪게 되는 일들이다.

또 하나 중요한 것은 보유한 부동산을 유지하는 데 필요한 수리 비용이 발생할 경우 필요비에 해당하는 항목의 영수증들을 잘 모아놓는 일이다. 매도 시에 양도 차익을 계산할 때 필요비를 제외하기 때문에 이 영수증들이 효자 노릇을 한다. 수리를 할 때도 필요비 처리가 가능한 것들 위주로 하면 좋다. 필요비 항목에 대한 이야기는 매도의 기술에서 다시 한 번 다루겠다.

이렇게 쉽든 어렵든 물건 검색, 매수, 보유를 했다. 그다음은 무엇일까? 이제 수익을 실현할 단계다. 바로 부동산의 매도다. 매도를 결정하기 전에, 매도 후 어떻게 할 것인가를 고민할 필요가 있다. 호박씨를 까먹어본 적이 있는가? 껍질 까기가 쉽지 않다. 겨우 까서 입에 넣어도 먹을 게 별로 없다. 노력에 비해 얻는 게 너무 적다는 말이다. 소액 투자도 마찬가지다. 단번에 살림살이가 나아지지 않는다. 노력한 대가치고 돌아오는 것이 매우 적기 때문이다. 소비를 위한 매도를 하지 말고, 다음 투자를 위한 전략적 매도를 해야 경제적 자유를 누릴 수 있다.

매도할 때는 임대차 계약 만기에 맞추어 물건을 내놓는 것이 좋다. 이때 한 부동산에 책임 중개를 맡길 것인지, 아니면 인근 부동산에 모두 내놓을 것인지를 결정해야 한다. 매수할 때 도움을 준 부동산 중개인이 있다면 일정 기간 같은 중개인에게 맡기되, 오랫동안 팔리지 않으면 다른 부동산과 공유하는 방법으로 매물 의뢰를 하는 것이 좋다.

처음부터 모든 부동산 중개소에 내놓으면 내 물건이 함부로 취급될 수 있다는 점을 염두에 두자.

매도 시에 주의할 것이 바로 양도세다. 매도일은 잔금 지급일과 등기 접수일 중 빠른 날을 기준으로 한다. 양도 차익에 따라 양도세가 얼마나 나오는지를 시뮬레이션해봐야 한다. 국세청 사이트에 들어가면 양도세를 미리 알아볼 수 있는 계산기가 있다. 그동안 모아두었던 영수증들을 합산하여 양도세를 계산하면 된다.

이렇게 물건 검색 → 매수 → 보유 → 매도를 경험해야 한 번의 투자 사이클을 마쳤다고 할 수 있다.

두렵기만 했던 부동산 투자의 세계에 첫발을 내딛었고, 작지만 달콤한 열매를 맛보았다면 얻는 것은 두 가지다. 달콤한 수익과 자신감이다. 이렇게 얻은 자신감은 투자의 큰 밑거름이 된다. 소액으로 투자하는 부동산은 별것 아니지만 든든한 맛이 있다. 그 맛에 중독되어 소형 아파트 컬렉터가 된 사람이 꽤 많다.

좋은 물건 잘 사기
– 부동산 매수의 기술

매수의 기술

부동산 투자는 거창한 것도, 어려운 것도 아니다. 투자란 그저 밥 먹듯, 물 마시듯, 카톡 하듯 생활의 일부가 되어야 한다. 생활의 일부가 매일 모험 같다면 마음이 조마조마해서 어디 살겠는가? 그러니 마음 편한 투자를 해야 한다.

마음 편한 투자를 위한 몇 가지 전제 조건이 있다.

자기만의 소신과 원칙

사람마다 관심사가 참으로 다양하다. 여행을 좋아하는 사람, 책을 좋아하는 사람, 술을 좋아하는 사람 등등. 한 사람의 운명은 삶에 대한 철학과 가치관에 따라 좌우된다. 다양한 직업이 있고, 그런 사람들이 모여 특별한 문화를 만든다. 나만의 철학과 가치관이 없는 사람은 남들이 만들어놓은 직업과 문화에 순응하며 살아간다. 두각을 나타내지 못한다.

투자에서도 나만의 소신과 원칙은 필수다. 나만의 원칙이 없다면 넘쳐나는 투자 정보 속에서 길을 헤매기 쉽다. 얇디얇은 팔랑귀와 갈대 같은 마음 때문에 하루에도 수천 번씩 생각이 바뀐다. 특정 조건을 정해놓고 그 조건에 만족할 경우에만 투자하는 사람도 있고, 투자금 기준을 정해놓고 투자하는 사람도 있다. 토지만 투자하는 사람이 있는가 하면 상업 지역만 투자하는 사람도 있다. 이처럼 나만의 원칙과 소신을 가지고 투자하는 사람이 그 분야에서 두각을 나타내고 성공적인 투자자가 된다.

조급함을 경계하라

자동차를 운전해본 사람이라면 누구나 공감할 것이다. 약속 시간이 늦으면 서두르게 되고 과속을 하게 된다. 과속을 하면 조금은 빨리 갈 수도 있다. 하지만 놓치는 것이 너무나 많다. 주위 풍경을 놓치게 되고, 최악의 경우 생명을 놓칠 수도 있다. 시야가 좁아진다.

부동산 투자도 마찬가지다. 조급함은 리스크를 부른다.

남들은 짭짤한 투자 수익을 본다는데 나만 뒤처지는 것 같고, 심지어 나만 바보 같다는 생각이 든다. 이런 마음이 조바심을 부른다. 그로 인해 마음속에 흙탕물이 생겨서 시야를 흐리게 된다. 조바심은 눈을 어둡게 하고, 평상심을 잃게 하여 실수를 저지르게 한다.

준비가 되었는가? 스스로 물어보라. 준비가 안 됐다면 물러서라.

그리고 때를 기다려라. 준비가 안 된 병사는 전쟁터에서 총알받이가 될 뿐이다.

명심하라. 투자 시장에서 소리 없이 사라져간 영혼들이 얼마나 많은지를.

양타 물건에 투자하라

양타 물건이란 중개인이 중개수수료를 양쪽에서 받을 수 있는 물건이다. 즉 매도자와 매수자의 중개수수료를 모두 취할 수 있는 물건이다. 부동산 중개소 한 곳에만 내놓은 경우로 의외로 이런 물건들이 제법 있다. 시장에서는 '양타 물건'이라 부른다. 급매로 나오거나 매도 조건이 좋은 물건은 중개소끼리 공유하지 않는다. 공동 중개하지 않고 단독 중개를 하여 중개수수료를 독차지하고 싶어한다. 거래가 수월하기 때문에 공유할 필요도 없다. 양타 물건 위주로 투자한다면 저렴한 물건을 매수할 수 있는 가능성이 높아진다.

공동 중개란 한쪽 부동산에서만 물건을 가지고 있고, 다른 부동산에서는 사람을 소개하는 것이다. 이럴 경우 부동산을 통한 가격 협상이 쉽지 않다. 사람을 연결해준 부동산은 물건을 가진 중개인과 협의를 해야 하고 물건을 가진 중개인은 매도자와 가격 조정을 해야 하는 번거로운 절차를 거쳐야 하기 때문이다. 간혹 혼자만 가지고 있는 양타 물건이라고 소개받았는데, 막상 계약하려고 보니 공동 중개 물건인 경우가 있어 중개인과 매수자 간에 마찰이 생기기도 한다.

밴딩 투자 기법

투자 물건을 두세 채 묶어서 투자하는 방법이다. 밴딩 투자의 장점은 투자 물건의 관리가 용이하고, 부동산 중개소와 협상할 때 유리하다. 보통 2~3개를 매수해서 보유하고 있다가 한두 채를 매도하여 대출 없이 월세로 한 채를 지속 보유하는 방식이다. 자금 여력이 된다면 전세 2채, 월세 1채 패턴이 이상적이다. 정답은 없지만, 삶의 질이 저하되는 수준까지 투자하는 우를 범해서는 안 된다.

씩씩이 투자법

첫술에 배부르기를 바라는 투자자들이 많다. 소위 대박을 노리는 투자자들이다. 가족의 행복을 위해 투자를 시작했는데, 투자를 위해 가족을 희생시키는 것은 본말이 전도된 것이다. 그럼에도 우를 범하는 경우를 종종 본다. 욕심은 금물이다. 이 책에서 이야기하는 소액 투자에는 대박이 없다. 그저 박리다매를 목표로 똘똘이들을 매집하는 것이다.

하나씩 한걸음씩 투자하는 방법이다. 허황된 꿈을 버려야 한다. 조금씩 멈추지 않고 계속 투자한다는 마음가짐이 중요하다. 중도에 쉰다면 감을 잃고, 다시 초보자가 된다.

살아 있는 주식 투자의 전설 워렌 버핏의 재산은 현재 65조 원 정도로 추정되며, 2013년에 벌어들인 수입만 해도 약 14조 원에 달한다. 그는 투자에서 인내와 꾸준함이 얼마나 중요한 덕목인지를 보여준다.

"나는 50세 이후에 전체 재산의 99퍼센트를 축적했다. 그중 95퍼센트는 60세 이후에 이룬 것이다."

워렌 버핏 같은 대단한 투자자도 평생을 바쳐 자산을 일구었다. 버핏의 일화를 교훈 삼아 우리도 인내를 가지고 꾸준히 투자하면 경제적 자유를 이뤄낼 수 있다.

많은 부동산 중개소를 다녀라

많은 부동산 중개소를 다니고, 나와 코드가 맞는 부동산 중개인을 찾아라. 한 가지 주의할 점은 온 동네 부동산을 다 들쑤셔서 호가를 올려놓아서는 안 된다는 것이다. 여기저기에 매수 문의를 하고 다니면 중개인이나 매도자는 물건을 찾는 사람이 많은 것으로 착각한다. 그러면 매도자는 가격을 올리거나 매물을 거둬들이게 된다. 많은 부동산 중개소를 다닐지라도 양타 물건에 집중하고 실수요자로 접근하는 편이 좋다. 투자자들이 부동산 중개소를 이곳저곳 다니게 되면 호가는 오르고 물건은 자취를 감춘다. 이렇게 되면 좋은 물건을 싸게 매수하기가 점점 어려워진다.

급매를 찾아라

급매, 기준이 참 애매하다. 얼마나 싸야 급매인가? 가격으로 급매를 정한다면 매매가가 급매의 기준이 될 것이다. 나는 이런 기준으로 급매를 찾는다.

아파트 가격은 로열 동, 호 → 준로열 동, 호 → 꼭대기 층 → 1층의 순으로 형성된다.

펜트하우스가 있는 꼭대기 층이나 테라스가 있는 1층은 제외한다. 그런 고가의 물건은 지금 나의 투자 물건이 아니다.

그렇다면 급매란 꼭대기 층보다 저렴한 준로열 층이나 준저 층보다 싼 로열 층으로 정리해볼 수 있다. 이런 기준으로 급매를 찾는다면 훨씬 명확하고 수월하다. 양타 물건과 급매 물건을 만족하는 교집합 물건을 찾으면 된다.

급매하는 사정을 확인하라

① **키가 다른 놈:** 같은 단지 내에서 꼭대기 층의 높이가 다른 동이 있다. 매수하려는 물건이 유난히 저렴하다면 꼭대기 층은 아닌지 꼭 확인해보아야 한다.

② **꺾인 놈:** 복도식 아파트의 경우 'ㄱ'자 또는 'ㄴ'자 모양으로 배치된 집이 있다. 꺾인 부분의 물건은 실내가 매우 어둡고, 거래가 잘 안 된다. 복도식 아파트 매물에 투자할 경우 저렴하다면 꺾인 부분은 아닌지를 확인해야 한다.

③ **엘리베이터 없는 놈:** 5층 이하 아파트는 엘리베이터가 없는 경우가 제법 있다. 5층 아파트 중 4층인데 매매 가격이 유난히 싸다면 엘리베이터 유무를 반드시 확인해야 한다.

④ **싫어하는 숫자가 많은 놈:** 우리나라 사람들이 기피하는 숫자는 '4'다. 거주하는 데 아무런 불편이 없는데도 기피하는 현상이 있다. 아파트 단지에서도 4동, 4단지는 피하는 경향이 있다. 유난히 '4'자가 겹치는 물건이라면 고민해볼 필요가 있다.

리모델링의 환상 깨기

리모델링(집수리) 여부에 따라 집값에 차이가 난다. 리모델링된 집을 사면 매매도 수월하고 관리도 쉽다. 집을 고치는 수리비와 신경 써야 할 수고로움도 덜 수 있다. 매도자 입장에서는 리모델링 비용을 시세에 100퍼센트 반영한다. 하지만 가격에 거품이 많다. 그래서 셀프 수리가 필요하다. 셀프 수리를 몇 번 경험한 투자자라면 대략적인 견적을 알고 있고, 가격 협상에 유리하다. 리모델링에 들어가는 비용은 재료와 인부의 수준에 따라 천차만별이다.

투자자라면 임차인용 리모델링을 해주면 된다. 최고급으로 리모델링해놓은 집을 시세보다 터무니없이 비싸게 매수할 필요는 없다. 같은 아파트라면 제일 싼 집을 사서 최소한의 세입자용 리모델링을 하는 편이 훨씬 수익률이 높다는 점을 명심하라.

또한 리모델링한 집을 볼 때는 여성들이 좋아할 만한 포인트를 공략했는지를 살펴야 한다. 집을 임대하거나 매수할 때 최종 결정권은 대부분 여성이 가지고 있다. 여성이 좋아하는 주방 공간과 욕실이 깔끔하다면 계약이 성사될 확률이 높다.

아파트 최대의 적을 찾아라

내가 강의에서도 늘 하는 이야기이지만, 아파트는 공산품이다. 아파트의 최대 적은 누수와 곰팡이다. 주거형 집합 건물(아파트, 빌라, 연립의 통칭)에서 누수와 곰팡이는 호환마마보다 더 무서운 놈들이다. 임장 시에 꼭 확인해야 할 부분이다. 특히 베란다, 장롱 뒤편, 베란다 창고 안에 곰팡이가 있는지 확인해야 한다. 누수의 주된 원인은 욕실의 수전(물이 나오는 곳)을 옮겼거나 욕실 문틈이 낡은 경우, 보일러 배관이 파손된 경우다. 가장 잡기 힘든 곳이 보일러 배관 파손이다. 해당 물건에 거주하고 있는 임차인이나 매도인에게 반드시 물어보아야 한다.

"혹시 누수되는 곳이 있나요?"라고 물어보라. 그리고 부동산 중개인에게도 꼭 확인해보라. 누수의 경우 누수를 확인한 날로부터

6개월 이내라면 매도자에게 하자 담보 책임을 물을 수 있다.

시나리오를 짜라

임장을 가기 전에 2인 1조가 되어 각자 역할을 정한다. 그중 한 명은 악역을 담당한다. 이런 역할을 하는 것이다. "그 물건은 비싸서 못 산다. 베란다가 곰팡이투성인데, 너무 비싸다." 이런 식으로 물건에 트집을 잡아서 가격을 흥정한다. 나머지 한 사람은 중재를 하면서 계약이 성사되도록 좋은 말로 중개인이나 매도자에게 가격 협상을 제시한다.

부동산 거래는 사람의 심리가 크게 작용한다. 한 사람은 계약하

이것만은 꼭! 꼭!

임차인이 집을 보여주지 않는 경우

실제로 이런 일이 허다하다. 임차인이 비협조적인 경우 매매할 때와 임대할 때 모두 골칫거리다. 원인은 주로 임대인과 관계가 원만하지 않았거나 불만이 있는 경우, 또는 전세금이 많이 올라 갈 곳이 없는 경우다. 계속 거주하고 싶지만 증액 요구를 들어줄 수 없는 경우 집을 안 보여주면 계약을 못할 거라 생각하고 상당히 비협조적으로 나온다. 주말에는 외출해버려 집을 보러 갈 수가 없다. 이럴 경우 임대인은 애가 탄다. 대안으로 중개인이 미리 사진을 꼼꼼히 찍어놓고, 같은 구조의 다른 집을 대신 보여주는 방법으로 계약을 유도할 수 있다.

고 싶어하는데, 악역을 맡은 사람이 가격, 잔금 지불 일정, 계약금, 중도금 등의 이유를 들어 반대하는 역할을 하면 중개인은 계약을 성사시키기 위해 가격 협상을 제시하게 된다. 이런 상황이 중개인이나 매도자를 압박하게 되고, 심리적인 열세에 있는 매도자나 중개인은 매수자의 요구 사항을 들어주게 된다. 물론 성사되지 않는 경우도 있다. 그러면 다른 물건을 찾거나, 그래도 꼭 매수해야 할 물건이라면 상대방이 제시한 가격으로 계약하면 된다. 절대 급하게 서두를 이유가 없다. 나는 실수요자가 아니라 투자자라는 점을 명심하라.

1 vs 100 수량 늘리기

일당백이란 말이 있다. 한 명이 100명을 상대할 정도로 실력이 뛰어나다는 뜻이다. 투자 물건도 마찬가지다. 초보들은 1보다 100에 더 관심이 많다. 관리에 있어서도 그렇고, 수익률 면에서도 똘똘한 한 채는 허접한 여러 채보다 훨씬 효율적이다. 양질의 물건이라면 과감한 투자가 필요하다는 얘기다. 추가 매수도 필요하고 밴딩 투자 기법도 유효하다. 좋은 기회를 놓쳐도 기회는 다시 온다. 하지만 자주 오진 않는다. 또 언제 올지 모른다. 왔을 때 잡는 것이 맞다. 그 기회는 준비된 사람만이 알아볼 수 있다.

흔히 실수를 저지르는 것 중 하나가 추가 매수다. 처음 매수한 물건보다 가격이 몇 백만 원이 상승했다는 이유로 추가 매수를 못하는 경우가 대부분이다. 하지만 다르게 생각해볼 필요가 있다. 최초 매수한 물건의 기대 수익이 2000만 원이라면, 추가 매수한 물건은 1500만 원만 수익을 낸다고 생각하면 마음이 편하다. 기대 수익을 정하는 것 자체가 수익률을 제한하는 결과가 될 수도 있다. 사람의 욕심이란 끝도 없는 법이다. 내가 원하는 기대 수익을 달성했다면 수익을 실현하는 것이 현명한 투자자다. 더 많은 수익을 기대하다 가 매도를 못하는 사례가 적지 않기 때문이다.

싸게 사서 싸게 판다 vs 비싼 놈이 효도한다

투자 물건의 가격에 대한 고민은 늘 존재한다. 싼 걸 살 것인가, 비싼 걸 살 것인가.

투자금이 넉넉하지 않은 초보 투자자라면 싼 물건을 사는 경우가 많다. 나도 초보 시절에 그렇게 투자해왔다. 어떤 방법이 맞다고 단정할 수는 없다. 투자자의 상황에 맞는 방법이 정답이다. 두 방법 모두 장점과 단점이 있다. 투자금에 여유가 있다면 로열 동·호에 투자해서 쉽고 편하게 관리할 수 있다. 하지만 가격 상승기에는 로열 동·호 투자가 싼 물건 투자보다 수익률이 낮은 경우도 있다. 매입가격이 비싸면 투자금이 많이 들어가는 데 비해 가격 상승 폭은 크지 않기 때문이다. 하지만 가격 하락기에는 유리하다. 로열 동·호는 매도도 수월하고, 임대를 놓기도 쉽다.

임장의 기술

주차가 수월한 동을 찾아라

같은 아파트 단지 안에서도 향에 따라 동의 배치가 달라진다. 남향으로 배치된 동이 많고, 동향이나 서향의 아파트들도 있다. 동 배치에 따라 라인의 출입구가 마주 보기도 한다. 이럴 경우 오래된 아파트일수록 주차가 어렵다. 바쁜 아침에 이중 주차로 이웃과 얼굴 붉히는 일이 자주 발생하고, 다툼도 잦다. 출입구를 마주 보고 있는 동은 주차 공간의 부족으로 선호도가 떨어진다.

또 하나 지하 주차장과 연결된 동을 찾아야 한다. 1990년대 초반에서 2000년대 초반에 지어진 아파트는 지하 주차장이 없거나 있어도 일부 동에만 연결된 경우가 많다. 지하 주차장과 연결되지 않은 동은 1층에서 내려와 지하 주차장까지 걸어 들어가야 한다. 아이들을 키우는 부모 입장에서는 추운 겨울과 더운 여름에 여간 힘든 일이 아니다. 지하 주차장이 없는 아파트에 살아본 경험이 있다면 공감할 것이다. 주차 편하고, 지하 주차장이 있는 곳에서 살고 싶다고 푸념하는 사람들이 많다.

〈그림 22〉에서 108동과 109동은 심각한 주차난을 겪고 있다. 이에 비해 106동과 107동은 주차하기가 수월하다. 임대나 매매 시 선호도에서 차이가 난다. 마찬가지로 〈그림 23〉의 경우 동그라미 안의 동은 주차난이 심하다. 하지만 출입구를 나란히 보고 있는 811

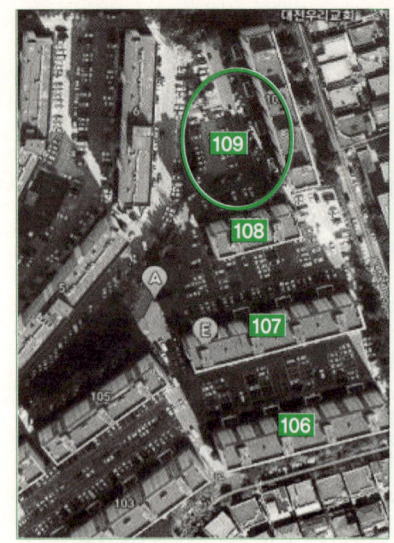

<그림 22> A아파트 단지, 1990년 준공 　　〈그림 23〉 B아파트 단지, 1999년 준공

동, 812동, 815동, 819동은 비교적 주차가 수월하다. 매매 시에 반드시 고려해야 할 사항이다.

동과 동 사이의 조망에 주목하라

아파트 단지마다 특징이 있다. 전체 세대가 남향으로 지어진 아파트는 10년 이상 된 경우가 많다. 최근에는 조망을 중시하는 경향이 강해지면서 타워형 아파트가 많이 지어졌다. 아파트의 배치는 조경과 동 간 거리 등에 따라 다르게 나타난다. 그 틈으로 생기는 조망에 따라 뒷동의 아파트가 앞동의 전망 좋은 아파트와 비슷한

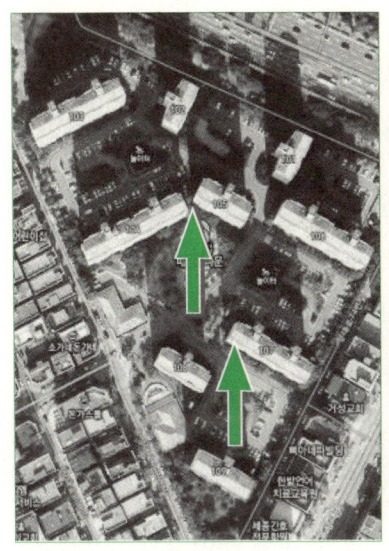

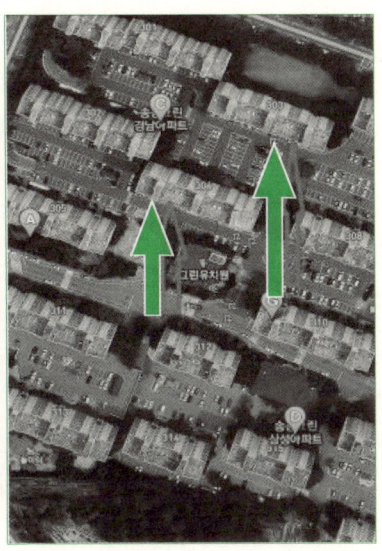

<그림 24> 1번 단지 아파트, 2002년 준공   <그림 25> 2번 단지 아파트, 1996년 준공

가격에 거래되기도 한다.

〈그림 24〉에서는 아래쪽이 남쪽이다. 위쪽은 북쪽, 왼쪽은 서쪽, 오른쪽은 동쪽이다. 1번 아파트는 2002년 월드컵 당시에 준공되었다. 99제곱미터(30평)~198제곱미터(60평)까지 556세대가 입주했다. 중대형 위주로 구성되다 보니 오래된 아파트라도 동 간 거리가 넓고 쾌적하다. 조경에 신경 쓴 흔적도 보인다. 남향에 가까운 남서향이고, 화살표 끝 부분의 라인이 뒷동이면서 조망이 괜찮은 동들이다. 실제로 해당 라인의 높은 층에 가보면 조망이 정말 좋다. 뒷동이라 진입로와도 떨어져 있어 조용한 편이다. 이처럼 조망이 좋

고 조용한 동은 매매 가격이 높은 편이다. 〈그림 25〉의 2번 단지는 66제곱미터(20평)에서 99제곱미터(30평)까지 있고, 540세대가 입주한 단지다. 두 개의 화살표 끝의 라인들이 동 간 거리가 넓고 조망권이 확보되어 선호도가 높다. 현장을 답사할 때 이런 동이 있다면 물건을 보고, 조망을 확인해보는 것이 좋다. 같은 가격에 조망권이 좋은 곳이라면 관리와 매도 시에 유리하기 때문이다.

비선호 물건인지 확인하라

수요자마다 선호도가 다르겠지만, 보통은 중간 층의 중간 라인 아파트를 선호한다. 임장 시에 물건이 꼭대기 층인지, 1층인지, 끝집(가장자리 집)인지 확인해봐야 한다. 조급하게 굴다가 물건이 마음에 든다는 이유로 현장답사에서 이를 확인하지 못하는 경우가 종종 있다. 꼭대기 층인 줄 모르고 계약서까지 썼는데 다시 가보니 꼭대기 층이어서 후회하는 일도 있다. 내 손으로 엘리베이터 가장 위층을 누르고도 미처 깨닫지 못하는 황당한 일이 생기는 것이다. 경험이 부족해서일 수도 있고, 마음이 조급해 잘 챙겨보지 못한 것일 수도 있다. 최근에는 층간 소음 문제로 인해 1층과 꼭대기 층 수요가 늘었다고는 한다. 하지만 여전히 대부분의 수요자나 투자자들은 중간 층을 선호하는 경향이 뚜렷하다.

복도식 아파트의 경우 끝집은 중문을 설치하고 전용 공간으로 사용하기도 한다. 하지만 이는 건축법상 명백한 불법이다.

기피(혐오, 위험) 시설 조망인지 확인하라

거주지 내에 혐오 시설이나 위험 시설이 들어오는 것을 반기는 사람은 없다. 투자 물건을 고를 때 이 점에 유의해야 한다. 조망이 좋아 덜컥 계약을 했는데 다시 방문해보니 처음에는 안 보이던 고압선이 지나가거나 송전탑이 보이기도 한다. '설마 누가 그런 실수를 하겠어?'라고 생각할지 모르지만 실제로 내가 겪은 일이다. 마음에 드는 물건을 빨리 계약해야겠다는 조바심이 시야를 흐리게 한 것이다. 제일 믿지 못할 것이 사람의 눈이고 귀가 아닌가 싶다. 보고 싶은 것만 보고 자신에게 필요한 것만 듣는 일이 얼마나 많은가? 이는 투자자에게만 해당하는 말이 아니라 일상생활에서도 항상 일어나는 일이다.

전화의 기술

실거래가 파악

물건을 검색하고 해당 지역에서 투자 물건을 선정하는 일까지 마쳤다면, 이제 전화의 기술을 익혀야 한다. 모든 지역을 다 임장할 수는 없다. 이때 유용한 것이 전화다. 중개인들은 전화상으로는 정확한 실거래가를 잘 알려주지 않는다. 포털사이트에 공개된 매물의 가격은 차이가 나는 경우가 많다. 인터넷을 보고 전화해보면 점찍

어둔 물건이 아예 없는 경우도 비일비재하다. 그래서 미리 전화로 물건의 시세를 파악하는 작업이 꼭 필요하다.

정확한 실거래가를 알아보기 위해서는 세 가지를 파악해야 한다. 첫째, 로열 층인 동·호수의 실거래가. 둘째, 준로열 층인 동·호수의 실거래가. 셋째, 비선호층인 동·호수의 실거래가.

실거래 가격은 리모델링 여부나 매도자의 사정에 따라 다를 수 있다. 또한 국토교통부 실거래가 사이트에 모든 매매 가격이 공시되는 것은 아니다. 그러므로 전화를 이용하거나 현장에서 파악하는 일이 중요하다. 투자자라면 매도자 입장, 매수자 입장, 임차인 입장에서 실거래가 및 임대가를 정확하게 확인할 필요가 있다.

매도자 입장에서 실거래가 파악

먼저 관심 물건의 로열 층에 대하여 실거래가를 파악한다. 로열 층은 층수를 3등분했을 때 제일 꼭대기 층을 제외한 3분의 1에 해당하는데, 이때 맨 끝집은 피한다. 즉 15층짜리 아파트라면 10~14층 정도의 중간 층이 로열 층에 해당하며, 끝집도 조망권이 확보된다면 로열 층에 속할 수도 있다. 또한 동과 동 사이에 조망권이 확보되는 라인이라면 로열 층으로 볼 수 있다. 단 조망이 유해 시설이나 혐오 시설이라면 피하는 것이 좋다.

필자: 101동 12층을 가지고 있는데 팔려고 합니다. 얼마나 받을 수 있나요? 집 상태는 기본입니다.

부동산: 보통 2억에서 2억 1000만 원 사이에 거래되고 있습니다.

필자: 가장 최근에 거래된 건 얼마인가요?

부동산: 2억 1000만 원에 거래되었습니다.

필자: 빨리 팔았으면 하는데, 괜찮은 층수에 제일 싼 매물은 얼마에 나와 있나요?

부동산: 102동 8층인데 2억에 나온 집이 있습니다.

필자: 고맙습니다. 제가 한 번 방문하겠습니다.

이런 식으로 파악하면 된다.

간혹 몇 동 몇 호인지 집요하게 물어보는 중개인이 있긴 하다. 이럴 때는 당황하지 말고 "임차인한테 매수 의사가 있는지 물어보고 다시 연락하겠다" 또는 "계약 기간이 조금 남았으니 만기 전에 다시 연락하겠다"고 하면 된다. 이리저리 둘러대기 힘들면 그냥 끊어도 된다.

매수자 입장에서 실거래가 파악

필자: 이사를 해야 해서 집을 찾고 있습니다.

부동산: 이사 날짜가 언제쯤인가요?

필자: 두 달 이상 여유가 있지만 미리 구해놓으려고 합니다.

부동산: 101동 8층 기본 집 매매가 2억 원입니다.

필자: 가장 싼 집은 얼마인가요?

부동산: 1억 8000만 원에 1층 수리 안 된 집이 있습니다.

필자: 돈이 부족해서요. 그럼 전세는 얼마면 들어갈 수 있나요?

부동산: 101동 9층에 수리된 집 1억 7000만 원짜리 전세가 있습니다.

필자: 좀 더 싼 물건은 없나요?

부동산: 106동 6층에 기본 집이 있는데, 1억 5000만 원입니다. 당장 입주 가능하고요.

필자: 전세 물건이 많이 있나요?

부동산: 아뇨, 이 동네 전세가 귀해서 두 개밖에 없어요. 얼른 계약하셔야 돼요.

필자: 네, 고맙습니다. 제가 한번 가볼게요.

매수자 입장에서 실거래가를 파악할 때 전세 매물이나 월세 매물의 시세와 수량을 파악하는 일은 매우 중요하다. 투자를 할 때 임대를 염두에 두기 때문에 임대 물건의 시세와 수량은 관리에 큰 영향을 미친다. 아무리 좋은 투자 물건일지라도 임대 물건이 많거나 시세가 약하다면 투자 비용이 많이 들고, 공실 우려가 크기 때문이다.

대출의 기술

일반인과 투자자의 대출은 다르다

은행은 수신과 여신 업무를 한다. 수신은 돈을 받는 행위, 즉 예금과 적금 업무다. 여신은 대출을 해주는 것이다. 대출을 해주고 이자를 받고 채권을 회수한다. 은행의 주된 수익원이 바로 예대마진과 수수료다. 예금·적금 금리와 대출 금리의 차이를 이용해서 수익을 남긴다. 예금·적금 금리가 높았을 때는 은행 적금과 예금이 재테크 수단으로 각광받았다. 하지만 요즘처럼 실질금리가 제로인 시대에서 예금·적금은 재테크 수단이 아니다.

내가 생각하는 은행은 돈을 빌리는 곳일 뿐이다. 내가 필요할 때 돈을 빌려 쓰고 이자를 주면 그뿐이다. 돈을 융통하기 가장 쉽고 편한 곳이 바로 은행이다. 이런 나와 다르게 대출을 극히 꺼리는 분이 많다. 특히 나이가 지긋하신 어른들이나 보수적인 성향의 사람이 대부분 그렇다. 직업과도 연관이 있다. 하지만 투자자에게는 대출이 필요하다. 물론 감당할 수 있는 한도 내에서 말이다.

대출은 돈을 빌리는 행위지만, 시간을 빌리는 행위이기도 하다.

예를 들어보자.

1년에 생활비를 제외하고 저축할 수 있는 돈이 2000만 원인 맞벌이 부부가 있다. 종잣돈 2억 원을 모으기 위해서는 10년이란 시간이 필요하다. 이 맞벌이 부부가 아파트를 담보로 2억 원을 대출했다고 가정해보자. 만약 대출 금리가 연 4퍼센트(지금은 3퍼센트 초반의 아파트 담보대출 상품이 많다)라고 가정하면, 부담해야 할 이자는 월 67만 원이다. 2억 원을 대출받아 연 10퍼센트 이상의 수익이 나는 물건에 투자를 한다면 단순 계산으로 6퍼센트가 남는다. 즉 2억 원의 대출로 10년이라는 시간을 벌 수 있는 것이다. 대출을 통해 거인의 어깨에 올라타는 것이다. 맞벌이라 월 67만 원은 충분히 감당하고도 남을 것이다. 여기서 이야기하는 대출은 소비를 위한 대출이 아니라 투자를 위한 대출이다. 자신이 감당할 수 있고, 투자를 위한 대출이라면 고려해볼 만하다.

투자자의 적은 무지가 아니라 막연한 두려움이다.

물론 그 두려움은 무지에서 기인한다. 대출은 고려하지도 않고, 정보를 찾으려는 노력도 없을 때 막연한 두려움이 생긴다.

대출은 쇼핑이다

대출은 말 그대로 쇼핑과 같다. 남성이라면 모르지만, 쇼핑을 못하는 여성은 거의 없다. 저렴한 물건을 찾기 위해 많은 사이트를 비교하기도 한다. 쿠폰 할인, 카드 할인 등으로 정말 싼 가격에 쇼핑한다. 대출도 마찬가지다. 금융사별로 다양한 대출 상품이 있다. 1금융권, 2금융권, 보험사 등 다양한 금융기관을 통해 대출을 받을 수 있다. 여기에 특판 상품이 있다. 대형 마트의 타임 할인 행사 정도로 생각하면 쉽다. 일정 기간을 정해놓고 대출 상품을 판매한다. 대출액이 기준치에 도달하면 판매가 종료되는 상품이다. 이런 특판 상품을 노린다면 유리한 조건으로 대출을 받을 수 있다.

대출 상품을 모아놓은 사이트를 검색하거나 모든 금융사의 대출 상품을 취급하는 전문 대출 중개인을 통해 빠르고 간편하게 비교 분석할 수 있다. 전문 대출 중개인은 경매 법정에 가면 쉽게 만날 수 있다.

대출은 상환하지 않는다?

오해하기 쉬운 말이지만 나의 대출 목적은 상환이 아니다. 대출금을 떼어먹겠다는 얘기가 아니다. 자금을 융통하기 위한 목적이지, 상환하기 위한 목적이 아니라는 뜻이다. 나는 대출을 받아 투자를 하지만 월세 수입이나 전세금 증액분으로 대출을 상환하지 않는다. 재투자를 한다. 그리고 매도 시점에 중도상환 수수료를 감안하여 전액 상환한다. 투자자에게 대출 상환은 일반적으로 생각하는 대출의 상환과 달라야 한다. 대출 금리 이상의 수익률을 낼 수 있다면 상환은 그리 중요한 의미가 아니다.

대출 금리를 협상하라

대출을 받을 때 은행에서 정해주는 대출 금리와 조건을 그대로 수용하는 경우가 대부분이다. 대출 금리도 협상이 가능하다. 채무자의 신용도, 거래 실적 그리고 담당자와 지점장의 능력에 따라 금리와 상환 조건은 얼마든지 조정이 가능하다. 아직도 은행이 요구하는 대로 받아들이는가? 금리 조정을 요구하라. 가만히 있으면 아무도 알아서 해주지 않는다. 금리 인하 요구권을 사용하라. 자기 권리는 스스로 찾아야 한다.

변동금리와 고정금리

은행은 수익을 내야 하는 기관이다. 소비자(대출을 받고 싶은 사람)에게 유리하게 해주면 좋지만 사실 그렇지 않다. 돈 없는 사람에게는 높은 금리로 적은 금액을 대출해주고, 돈 있는 사람에게는 필요도 없는 대출을 값싼 이자를 받고 많이 해주는 게 은행이다. 어느 정도 이해는 한다. 은행도 먹고살아야 하기 때문이고, 안전한 채권 회수를 위해서는 어쩔 수 없는 일이다.

대출받을 때 늘 고민하는 부분이다. 은행은 수익을 위해 금리 하락기에는 고정금리를 선호하고, 금리 상승기에는 변동금리를 권장한다. 대출을 받을 때에는 금리 흐름이 어떻게 될지 고민하고 고정금리 또는 변동금리 대출을 선택해야 한다. 한 달에 한 번 금융통화위원회에서 금리를 결정하고, 여기에 따라 시중 금융권의 금리가 결정된다. 최근에는 금리가 동결 또는 인하되는 추세다. 이때는 변동금리가 유리하다. 투자자라면 금리 흐름에 늘 관심을 가져야 한다.

대출금의 상환 방식

대출금을 갚는 방식으로는 만기일시 상환, 원리금 균등분할 상환, 원금 균등분할 상환 등이 있다. 상환 방식에 따라 이자가 차이가 나기도 하고, 중도 상환 수수료가 발생하기도 한다. 만기일시 상환은 이자만 납부하다가 약정 기간이 만료될 때 원금을 한꺼번에 갚는 방식이다. 담보 가치에 비해 소액이거나, 규제를 받지 않는 물건이나 지역에서 주로 사용한다.

원리금 균등분할 상환은 대출 만기까지의 총이자 금액을 미리 산출하여 원금과 더해, 매달 나누어 내는 방식이다. 매달 동일하게 내는 금액에 원금과 이자가 포함되며, 초기 납부 금액이 적어 상대적으로 부담이 적지만 이자를 원금 균등분할 상환보다 많이 내는 단점이 있다.

원금 균등분할 상환은 원금을 총 대출 기간으로 나누어 매달 일정 금액을 내고, 남은 원금에 대해 이자를 내는 방식이다. 원금이 줄어드는 만큼 이자도 줄어든다. 상환 금액이 초기에 부담이 될 수 있지만, 최종적으로 이자를 적게 내는 장점이 있다.

그 밖에 대출 시 주의할 사항은 중도상환 수수료다. 대출 만기 시

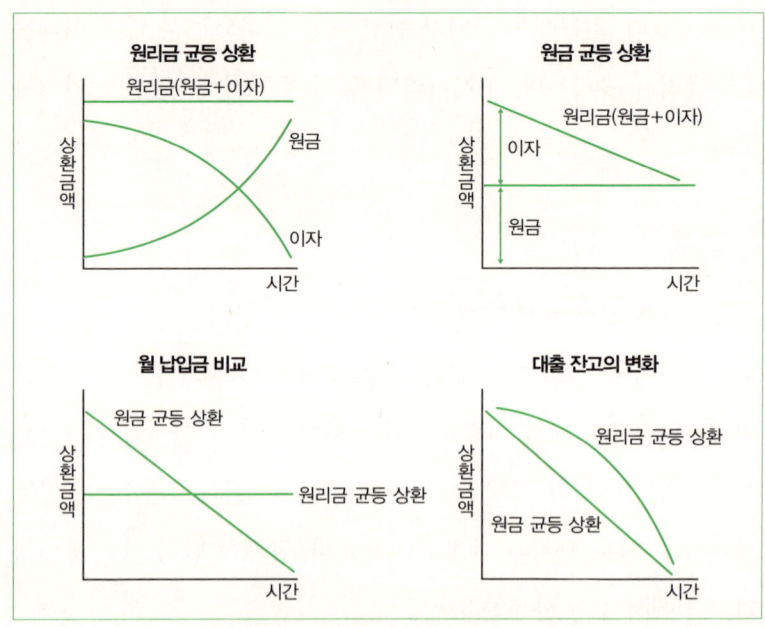

〈그림 26〉 대출 상환 방식에 따른 원리금 비교

까지 유지하지 않고 중도에 일부 또는 전액을 상환할 경우 발생하는 수수료다. 대출 상환 시 기억해야 할 사항이다. 아르키메데스는 큰 지렛대가 있다면 지구도 들어 올릴 수 있다고 했다. 투자자에게 대출은 두렵거나 부담스러운 행위가 되어서는 안 된다. 대출은 거인의 어깨에 올라 타는 것과 같다. 안 떨어지면 빨리 갈 수 있지만, 떨어지면 처참한 꼴이 된다. 스스로 감당할 수 있는가를 늘 자문해야 한다.

가치 상승을 만들어내는
부동산 관리의 기술

돈은 버는 것도 중요하지만 어떻게 관리하는가가 더 중요하다고 말한다. 투자자에게는 투자한 물건을 관리하는 것도 그만큼 중요하다. 특히 직장인이라면 관리는 여간 신경 쓰이는 일이 아니다.

시중에 수익형 부동산이 인기다. 월세로 1000만 원을 받는다, 월세로 몇 백만 원을 받는다 등등. 전업으로 투자하는 사람이 아니라 월급쟁이라면 부동산 관리는 정말 쉽지 않다. 더군다나 원거리에 있는 물건이라면 관리하기가 더 힘들다. 초보자라면 자기 집 앞에서 또는 근거리에서 시작할 것을 권하는 이유다. 경험이 쌓이고 구력이 붙었을 때 원거리 지역 투자 물건에 눈을 돌려라. 관리 방법에 대해 몇 가지 살펴보자.

현지 부동산을 활용하라

중개소는 거래할 때도 중요하지만, 관리할 때도 매우 중요한 역할을 한다. 중개인과 친해질 경우 다양한 혜택을 받을 수 있다. 임차인의 불만을 간단히 처리해주기도 하고, 번거로운 비용 정산이나 수리 문제를 대신해주기도 한다. 이런 서비스가 어디에서 나오는가? 바로 중개수수료다. 서비스는 수수료에서 나오는 것이다. 중개인 역시 자신에게 신경을 많이 써주는 임대인 또는 투자자에게 잘할 수밖에 없다. 그게 인지상정이다. 위임장을 보내주면 매매 및 임대차 계약을 대리해주기도 하고, 각종 공과금 정산 문제까지 해결할 수 있다. 원거리 투자 물건일 경우 중개인의 활약은 대단하다.

나의 경우 전라남도 순천과 강원도 원주에 투자 물건이 있다. 그 물건들을 다 쫓아다녔다면 투자를 오래 못했을 것이다. 그 먼 거리를 직접 다닌다고 생각해보라. 왕복 기름 값, 톨게이트 비용, 식비 그리고 시간까지 생각하면 엄청난 비용이 든다. 나에게 중개인은 참 고마운 존재다.

투자 물건을 임대하거나 매매할 때 이런 주문도 필요하다. 내가 가진 물건이 리모델링한 상태라면 손님에게 제일 먼저 보여주도록 부탁한다. 그리고 그다음에 허름한 물건을 보여주라고 한다. 좋은 물건을 먼저 보고 나서 그보다 못한 물건을 볼 경우 십중팔구 처음 본 좋은 물건에 마음을 빼앗기게 된다. 즉 매매 계약, 임대차 계약이 빨리 성사될 수밖에 없다.

임대사업 관리에서 가장 중요한 부분이 바로 공실률이다. 아무리 수익률이 좋은 물건도 공실이 발생한다면 의미가 없다. 반대로 내 물건이 수리가 안 되어 있고 허름하다면 저렴한 임대료를 부각시키고 좋은 물건과 함께 보여주지 않도록 주문하는 지혜도 필요하다.

장기수선충당금 그리고 선수관리비

장기수선충당금과 선수관리비를 잘 모르는 사람들이 있다. 장기수선충당금은 아파트 내 엘리베이터 수리, 교체, 외벽 도색 등 건축물의 안전 및 유지 관리를 위해 징수하는 특별 관리비로 임대인이 내도록 되어 있다. 하지만 임차인이 관리비로 매달 납부를 하기 때문에 임대차 계약 종료 시 임대인은 임차인에게 그동안의 장기수선충당금을 돌려줄 의무가 있다.

선수관리비는 아파트 완공 시에 초기의 아파트 관리비를 충당하기 위하여 집주인에게 일정 금액을 부과한 비용으로, 아파트가 재건축되거나 해체되기 전까지 돌려주지 않는다. 통상적으로 아파트가 매매될 때 매도인이 아파트 관리사무소에서 확인 내역서를 받아서 매수인에게 제출하면 매수인이 매도인에게 지급한다. 이 두 가지를 알고 있어야 향후 매도하거나 임차인이 바뀔 때 문제가 발생하지 않는다. 거래할 때 두 가지 항목을 반드시 확인하자.

임차인을 활용하라

임대 놓은 집에 수리 문제가 발생했을 경우 임차인이 남자라면 처리가 수월하다. 이런 경우 임대인은 재료비를 보내주고 임차인에게 부탁하여 문제를 해결할 수 있다. 전세의 경우 누수, 곰팡이, 보일러의 노후로 인한 문제를 제외한 사항들에 대해서는 임차인이 직접 보수하는 것이 관례다. 그래서 전세 투자는 관리가 비교적 수월하다.

아파트 관리사무실을 활용하라

아파트 관리실에는 시설을 담당하는 직원이 있어 임차인의 클레임을 해결할 수 있다. 아파트 투자가 유리한 이유다. 대부분의 문제는 관리실에서 해결해준다. 재료비가 들어갈 경우 인터넷으로 구매해서 주소지로 보내고 관리실에 전화해서 수리해달라고 하면 된다. 공실일 경우 발생한 문제라면 관리실 담당자와 직접 통화하고, 재료를 구입해서 보내주거나 직접 구매하여 수리한 후 비용을 청구하게 하는 방법이 있다. 이때 재료비만 보내줄 것이 아니라 수고비를 조금 보태어 보내주는 것이 좋다. 예를 들어 막걸리 한잔 하시라고 1~2만 원 추가로 송금해주는 요령이 필요하다. 처음 통화할 때 수고비를 지불하겠다고 말하고 부탁하면 대부분 수락한다. 투자자가 해당 지역에 다녀오는 수고로움과 비용에 비하면 효율적인 관리 방법이다.

솎아내기

농사를 지어본 사람은 알 것이다. 농작물이 잘 자랄 수 있도록 작물을 솎아내고 공간을 확보해주어야 한다. 투자에 있어서도 솎아내기가 필요하다. 예상 수익에 못 미치는 것, 하락한 것, 상승한 것들을 정리하는 작업이 필요하다. 기대 수익에 도달한 것은 매도하여 새로운 투자 물건으로 갈아타고, 손절매도 필요하다. 가장 어려운 부분이 손절매다. 손실 난 투자 물건을 붙들고 전전긍긍해봐야 평생의 짐이 될 뿐이다. 심지어 부동산 투자를 그만두는 경우도 많다.

워렌 버핏에게는 두 가지 투자 원칙이 있다고 한다. 첫째, 돈을 잃지 않을 것. 둘째, 첫 번째 원칙을 지킬 것. 하지만 워렌 버핏도 많은 실패와 손실을 경험했다. 투자도 인생과 마찬가지다. 좋은 날만 계속되지 않는다. 투자를 하다 보면 손실을 경험하게 된다. 그 실패한 투자를 반복하지 않는 게 중요하다. 실패를 통해 배우고 전진하는 게 중요하다. 손절매는 누구에게나 가슴 아픈 일이다. 하지만 손실을 털고 기회비용을 얻는 게 훨씬 나을 때도 있음을 기억해야 한다.

세금 공부를 하라

앞으로 남고 뒤로 밑진다는 말이 있다. 부동산 투자에서는 세금 때문에 이런 일이 자주 발생한다. 부동산의 보유 기간, 정부 정책 등으로 세금이 크게 차이가 난다. 특히 양도세는 각별히 신경 써야 할 부분이다. 주택의 보유 기간이 1년 미만일 경우 양도 차익의 40퍼센트에 해당하는 양도세를 납부해야 하지만, 1년 이상일 경우 누진 세율에 의해 일반과세로 납부하면 된다. 또한 보유 기간에 따라 장기 보유 특별공제를 받을 수도 있다. 양도세는 필요비, 보유 기간 등에 따라 절세할 수 있는 방법이 다양하다. 해마다 개정되는 소득세법의 큰 틀을 알고 있다면 대처하기가 훨씬 수월하다. 법조항을 외울 필요는 없다. 해당 법조항을 어떻게 찾아 활용할지만 알면 된다. 용어가 낯설어 이해하기 쉽지 않지만 투자를 하려면 익숙해져야 한다.

월세 vs 전세 유연하게 투자하기

투자 지역의 상황에 따라 월세를 찾는 수요층과 전세를 찾는 수요층이 다르다. 월세가 잘나갈 때가 있고 전세 수요가 높을 때가 있다. 경험이 없는 투자자는 한 가지만을 고집하다가 공실이 되는 경우가 생길 수 있다. 투자 물건에 대출이 있다면 전세가가 낮아진다. 대출 유무에 따라 전세가가 많이 차이 난다면 대출을 상환하는 방법이나, 월세가 높을 경우 전세를 월세로 전환하는 방법도 고민해야 한다. 즉 유연하게 대처할 수 있어야 한다. 유연한 임대차 관리가 수익률을 높여준다. 전세 물건이 많을 경우 수리 없이 저렴하게 공실을 탈출하는 게 유리할 수도 있다. 현지 중개인과 상의하여 공실률을 최소화하는 방향으로 유연하게 접근하자.

임대차 계약 직접 하기

중개인을 거치지 않고 직접 거래하는 사람들이 늘고 있다. 중개 수수료를 절약할 수 있고, 더 빠르게 거래가 이루어지기도 한다. 인터넷이 발달하여 피터팬, 중고나라, 지역 맘카페를 통해서 거래하는 사례가 많다. 인터넷을 통한 직거래를 위해서는 사진이 필수다. 중요 포인트를 촬영하여, 등록하면 된다.

아무래도 직접 거래가 신경이 쓰인다면 근처 중개소에 대필을 의뢰해도 된다. 무료로 해주는 곳도 있지만 대부분 5~10만 원을 받는다. 임대인은 신경을 안 쓰지만, 임차인에게는 보증금이 전 재산이기 때문에 신중할 수밖에 없다. 계약서 작성만큼은 중개소를 통해서 하고 싶어할 경우 적절한 방법이다.

임대사업자를 고민하라

보유한 주택의 수가 많으면 재산세와 종합부동산세가 늘어난다. 투자자라면 누구나 매입 임대사업자로 등록해야 할지를 두고 고민하게 된다. 현행법상 매입 임대사업자 등록은 강제 사항은 아니다. 등록을 해도 되고 안 해도 된다. 보유 수량이 점점 늘어 재산세와 종합부동산세가 많아지고, 월세 수입이 있다면 임대사업자 등록을 고려해야 한다. 임대사업자 물건으로 등록할 경우 5년 동안 매도를 못하는(같은 사업자끼리는 가능) 제한 사항이 있기 때문에 많은 임대 업자들이 등록을 꺼린다. 사업자 등록을 하면 양도세를 절세할 수 있는 필요비 항목도 늘어난다. 5년 이상 장기 보유할 물건이라면 종합부동산세 배제 혜택과 재산세 감면 혜택이 있는 매입 임대사업자 등록을 하는 편이 유리하다.

집수리는 가능하면 내 손으로

집수리를 하기 전에 직접 방문하여 수리할 부분을 파악하고 필요한 재료와 장비를 준비해야 한다. 집을 수리하는 부분은 크게 두 가지로 나눌 수 있다. 전문가에게 의뢰할 부분과 직접 수리할 부분이다. 도배, 장판, 싱크대 교체, 욕실 수리 등은 전문가에게 의뢰하는 편이 낫다. 처음에는 의욕이 앞서 직접 덤벼들기도 하지만 전문가가 아니라면 비용과 시간만 잡아먹고 깔끔하게 마무리가 안 되는 경우가 많다. 몸도 상하고 오히려 잘못하면 돈이 더 들어가는 일도 생긴다. 경험이 없는 직장인이라면 더더욱 전문가에게 맡기는 것이 좋다. 다만 전문가의 손을 빌리지 않고 직접 수리할 수 있는 일은 익혀둘 필요가 있다. 그러면 대략의 견적과 재료비를 숙지할 수 있고, 차후 일을 전문가에게 맡기더라도 가격 협상을 잘할 수 있으며, 공정의 관리·감독도 능숙하게 할 수 있다.

수리를 하는 순서도 잘 생각해야 한다. 만일 욕실 수리가 예정되어 있다면 페인트 칠, 도배, 장판 등은 나중에 해야 한다. 욕실 수리를 하는 동안 먼지가 많이 발생하기 때문이다. 즉 욕실 수리와 싱크대 교체는 동시에 작업을 진행하고, 이후에 페인트 작업, 도배·장판

관리

◎ 중개수수료, 법무사 수수료 영수증을 보관하라
양도세 절세에 필요한 필요비 영수증이므로 반드시 보관해야 한다.

◎ 베란다 누수는 코킹으로 해결하라
베란다의 누수는 대부분 창틀 부분의 실리콘 노후화가 원인이다. 베란다 누수는 코킹 작업으로 해결할 수 있다. 99제곱미터(30평) 기준으로 35~40만 원선에 코킹 작업을 할 수 있다. 여러 업체로부터 견적을 받아보고 가장 저렴한 곳에서 시공하면 된다.

◎ 보일러 교체
보일러 수명은 평균 10년 정도로 본다. 7~8년 된 보일러가 자주 고장이 나고 말썽을 부린다면 교체하는 편이 효율적이다. 보일러 교체 비용은 양도세 필요비 공제를 받을 수 있다. 계좌이체 영수증 또는 현금영수증, 견적서를 보관하라.

◎ 곰팡이 스칼프, 바퀴벌레 마툴키
포털사이트 검색창에서 스칼프와 마툴키를 검색해서 조치할 수 있다.
이 방법도 효과가 없다면 전문 업체를 불러야 한다.

을 진행하는 것이 좋다. 도배를 하려면 전등을 제거하고 콘센트와 스위치를 제거해야 하기 때문에 미리 전기제품 교체 작업을 해놓아도 불편하다. 도배·장판 시공자에게 일정 비용을 주고 전기제품 교체를 부탁하면 수월하다. 물론 말만 잘하면 무료로도 가능하다. 미리 필요한 전기제품을 구입해서 일하는 사람들에게 전달하면 이중으로 일을 하지 않고 수월하게 리모델링을 진행할 수 있다.

셀프로 쉽게 할 수 있는 항목은 전등 교체, 콘센트 교체, 스위치 교체, 번호 키, 수전(주방과 욕실의 수도꼭지), 욕실 실리콘, 청소 등이다. 필요한 재료를 인터넷으로 구입하여 주소지로 배달해놓으면 짐을 운반하는 수고도 덜 수 있다. 전등은 거실용, 욕실용, 주방용, 작은 방, 큰 방, 베란다, 출입구에 따라 종류가 다양하기 때문에 미리 확인하여 메모해두어야 한다.

세입자를 위한 집수리는 표시가 많이 나는 곳 위주로 해야 한다. 욕실 수리는 33제곱미터(10평)나 66제곱미터(20평)나 수리비가 비슷하게 든다. 150만 원 내외지만, UBR(unit bath room) 욕실은 수리비가 두 배 이상이 든다(욕실 수리에 대해서는 뒤에서 다시 설명하겠다).

낡은 싱크대는 반드시 수리하거나 교체해야 한다. 집을 계약할 때 결정적인 역할을 하는 사람은 여성이다. 여성의 기호에 맞게 싱크대가 깔끔하면 거래할 때 유리하다. 싱크대는 적은 비용으로 직접 수리가 가능하다. 시트지를 붙이거나 손잡이를 교체하기만 해도 효과가 좋은 편이다. 손잡이는 보통 개당 1000원 정도이고, 시트지도 5000~6000원 정도에 구입할 수 있다. 시트지를 붙이는 작업은 기술이 필요한 만큼 처음에는 실패할 수 있으므로 넉넉하게 준비하는 것이 좋다. 물론 가장 좋은 방법은 싱크대 자체를 교체하는 것이다.

싱크대는 상판 종류에 따라 인조 대리석, PT(인조 대리석 상판이 나오기 전에 많이 사용했다. 목재로 만들고 특수 코팅을 입혀서 물에 닿아도 목재가 상하지 않도록 만든 상판이다), 스테인리스 등으로 구분한다. 투자자가 임차인을 위해 인조 대리석 상판으로 교체하는 것은 비용 부담이 크다. 대리석과 스테인리스의 중간 단계인 PT 상판이 적당하다. 색상이나 마감도 깔끔하고 수명도 길다는 장점이 있다. 물론 가격도 인조 대리석보다 싸다.

스테인리스 상판은 학생 자취방에는 적당하지만 대부분의 임차인들이 꺼린다. 싱크대 문이나 마감재는 종류가 매우 다양하다. 가장 적당한 마감재는 하이그로시다. 보기에도 깔끔하고 수명도 오래 간다.

싱크대를 교체할 때는 가능하면 밝은 색으로 하는 것이 좋다. 흰색이나 화이트 펄은 깔끔하고 집이 넓어 보인다. 좀 더 싸게 싱크대를 구입하려면 인근의 싱크대 공장을 검색하여 직영 대리점을 이용하는 방법이 있다. 싱크대 공장을 하면서 직접 시공하는 업체에서는 도면을 가지고 있는 경우가 많기 때문에 주소와 아파트 이름을 알려주면 쉽게 견적을 받을 수 있다.

- 53~62제곱미터(16~19평) 싱크대 PT 상판 및 하이그로시 마감:
  60~75만 원 정도
  신발장 하이그로시 마감: 25만 원 정도

- 69~82제곱미터(21~25평) 복도식 싱크대 PT 상판 및 하이그로시

  마감: 80~95만 원 정도

  신발장 하이그로시 마감: 30~35만 원 정도

- 66~82제곱미터(20~25평) 계단식 싱크대 PT 상판 및 하이그로시

  마감: 100~110만 원 정도

  신발장 하이그로시 마감: 30~35만 원 정도

도배와 장판

도배와 장판은 전문가에게 의뢰하는 경우가 많다. 도배, 장판도 싱크대처럼 세입자용으로 하면 된다. 도배는 실크, 광폭 합지, 소폭 합지 등 벽지의 종류에 따라 가격 차이가 많이 난다. 세입자용일 때는 소폭 합지를 쓰는 경우가 많다.

- 52~62제곱미터(16~19평) 복도식 소폭 합지 도배: 35~40만 원

  정도

  1.8T륨 장판 기준: 48만 원 정도(15평×32,000원 정도)

- 69~82제곱미터(21~25평) 복도식 소폭 합지 도배 : 40~45만 원

  정도

  1.8T륨 장판 기준: 50만 원 정도(16평×32,000원 정도)

- 66~82제곱미터(20~25평) 계단식 소폭 합지 도배: 45~50만 원

  정도

1.8T륨 장판 기준: 60만 원 정도(18평×32,000원 정도)

※ 'T'는 장판의 두께를 나타낸다.

위와 같이 계산하면 대략의 견적이 나온다. 장판은 륨(예전에 모노 륨이라고 부르던) 재질과 페트라는 재질이 있다. 페트는 장판이 겹쳐서 보기 싫고 먼지가 많이 끼는 편이라 요즘은 거의 사용하지 않는다. 최근에는 겹친 부분이 잘 보이지 않는 륨 제품을 주로 시공한다.

욕실 수리

싱크대와 함께 여성들이 가장 신경을 쓰는 곳이 바로 욕실이다. 욕실은 평수에 상관없이 세입자용으로 리모델링했을 때 59~66제곱미터(18평~20평대)까지 100~150만 원의 견적이 나온다. 한때 UBR 욕실이 유행한 적이 있다.

UBR(Unit bath room: 일체식 단위 욕실)은 강화 플라스틱 같은 재질로 바닥, 욕조, 벽, 천장 등을 공장에서 만들어 현장에서 조립하는 시스템이다. 욕실 벽을 손으로 두드려보면 플라스틱 느낌이 난다. UBR 욕실의 경우 철거 및 리모델링 비용이 일반 욕실에 비해 두 배 이상 든다. 욕실의 골조, 바닥, 방수 등을 모두 다시 시공해야 하기 때문이다. 보통 UBR 욕실 리모델링의 경우 250~300만 원 정도의 비용이 든다. 간혹 UBR 코팅 방법으로 수리를 하는 경우가 있는데, 흡착력이 떨어지고 습기에 취약하여 갈라짐 현상과 들뜸 현상이 반복적으로 생겨 1년이 지나고 나면 더욱 흉물스러워진다. 욕실 수리 후 누수가 생기는 경우 아랫집에 피해를 줄 수 있으므로 책임 방수를 당부하는 것이 좋다. 일정의 보증 비용을 내고 AS 기간을 길게 잡는 방법도 있다. 책임 방수 비용은 공사비에 10~20만 원을 더 얹어주면 된다.

코브라 수전은 보급형으로 2~3만 원 정도면 인터넷 쇼핑몰에서 구입할 수 있다. 공구만 있으면 누구나 손쉽게 교체할 수 있다. 다만 수전 교체 전에 상수도를 반드시 잠궈야 한다. 상수도 잠그는 것을 깜박 잊고 작업을 하다가는 물벼락을 맞을 수 있다. 상수도를 잠그기 번거롭다면 수전의 편심(수전과 벽이 닿는 부분)과 닿는 일자 홈 부분에 드라이버를 사용해 양쪽 다 완전히 잠궈놓고 교체 작업을 하면 된다.

수전을 교체할 곳은 주방, 욕실, 세면대다. 욕실용 샤워기 수전은 3~4만 원대, 세면대용 수전은 2~3만 원대에 인터넷에서 구입할 수 있다. 동네 철물점에서 사려고 하면 최소 5000원에서 1만 원은 비싸게 주어야 한다. 직접 수리를 하는 경우 모든 재료를 인터넷에서 구입하면 상당한 비용을 절약할 수 있다. 수리 비용을 아끼지 않으면 매도자에게 애써 깎은 비용을 수리비 및 재료비로 다 날릴 수 있다는 점을 명심해야 한다.

수전을 교체할 때 주의할 점이 있다. 벽에 붙어 있는 편심도 낡은 것 같아 제거하려고 하면 수도관과 연결된 플라스틱 호수가 깨지면서 누수가 발생할 수 있다. 교체 시 주의해야 하며, 오래된 집의 편심은 손대지 않는 편이 좋다.

디지털 도어록 달기

디지털 도어록을 설치하는 것은 사용은 물론 관리의 편리성 때문이다. 임대 계약이 만료되어 새로운 세입자를 구할 경우 여러 부동산 중개소에서 집을 보러 올 때 불편함이 없도록 할 때도 편리하다. 또한 기존 임차인에게 양해를 구해, 임차인이 부재중일 때라도 집을 볼 수 있도록 하기 위해서다. 물론 계약이 체결되면 부동산에서 함부로 드나들 수 없도록 비밀번호를 바꿔야 한다. 도어록이 아닌 경우는 일일이 열쇠를 맡겨야 하는 불편함이 있고, 임차인이 외출하면 집을 볼 수 없기 때문에 새로운 임차인을 구하는 데 시간이 많이 걸릴 수도 있다. 키를 가지고 부동산 중개소끼리 언성을 높이는 일도 종종 일어나므로 이런 사태를 미연에 방지하기 위해서도 도어록을 설치하는 것이 좋다.

디지털 도어록의 경우 전문가를 부르면 출장비로 5~10만 원을 추가로 지불해야 한다. 가장 저렴한 디지털 도어록이 4만 원 미만임을 감안하면 배보다 배꼽이 더 커질 수 있다. 디지털 도어록 설치는 정말 쉽다. 현관문에 보조키가 있을 경우에는 교체만 하면 된다. 나는 보통 덮개가 있는 도어락 중에 마스터 키가 없는 가장 저렴한 제품으로 설치한다.

좋은 가격으로 잘 팔기
– 부동산 매도의 기술

매도의 기술

투자에서 가장 어려운 결정이 바로 매도다. 언제 팔아야 하고, 얼마를 남겨야 하는가? 적절한 매도 타이밍을 찾기는 참으로 어렵다. 나는 기대 수익률을 정하고 여기에 근접할 경우 매도하는 방법을 선택한다. 아래 몇 가지 기술을 공개한다.

임차인은 가장 가까운 매수 대기자다.

이런 사례가 두 번 있었다. 한 번은 원주에서, 또 한 번은 아산에서 있었다.

원주 사례를 이야기해보자.

원주에 투자자들이 많이 진입하던 2012년 초에는 집을 보지도 않고 매수하는 세력이 많았다. 실제 투자자들 중에는 직접 집을 보지 않고, 중개인을 통해 집을 확인하고 매수하는 경우가 많다. 나 역시도 그런 경험이 많다. 매도를 결심하고 부동산에 물건을 내놓았는데, 임차인에게 이야기한다는 걸 깜빡했다. 매수자가 나타나서야 임차인에게 남은 계약 기간 동안 거주해도 되니 걱정 말라고 말씀드렸다. 그런데 임차인이 화를 내며 '왜 자기한테 먼저 이야기하지 않았느냐'는 것이었다. 심지어 매수자보다 더 높은 가격을 제시했다. 나는 지체 없이 임차인과 매도 계약을 했다. 임차인에게 매도하면 중개수수료도 아낄 수 있고, 여러모로 유리하다.

가끔 이런 경우가 있다. 임차인은 항상 매수 대기 수요자임을 잊어서는 안 된다. 매수를 생각하는 임차인이 많다. 집을 내놓기 전에 꼭 임차인에게 의사를 타진하고 협조를 부탁해야 한다.

과욕은 산삼을 만든다

'객장에 아이를 업은 엄마가 나타나면 상투'라는 주식 투자 격언이 있다. 대부분의 투자자는 호재 지역에 몰린다. 호재가 없는 지역이라면 투자할 이유가 없지 않은가? 투자 지역에 호재가 여러 개 있다면 내가 일부를 챙기고, 다음 매수자도 최소 한 개는 챙길 수 있도록 해야 한다. 그래야 매수자가 나타난다. 호재가 다 반영된 상황에서 투자자를 구하기란 쉽지 않다. 내가 호재를 다 챙겨먹으려고 끝까지 가지고 있다가는 결국 산삼(매도를 시도하고 있으나 오랫동안 팔리지 않는 물건)이 된다. 과욕이 산삼을 만드는 것이다.

만기에 맞춰서 팔아라

투자 물건은 임대를 준다. 월세는 관례상 1년, 전세는 2년이다. 주택임대차보호법에 임차인은 1년 계약을 하더라도 2년을 주장하면 보장을 받지만, 임대인은 그렇지 않다. 법의 취지가 임차인을 보호하는 것이라 임대인에게 불리한 조항이 많다. 계약서에 명시된 대로 임차인은 계약 기간을 보장받는다. 매도자라면 수요자가 많을 때 팔아야 제값을 받을 수 있다. 계약 기간이 남아 있다면 수요자는 오로지 투자자로 한정된다. 수요자가 한정되면 물건의 가격은 하락한다.

대중이 몰릴 때 준비하라

수요와 공급은 모든 투자의 기본이다. 수요가 많을 때 바로 제값을 받을 수 있는 이유이기도 하다. 지역별 각종 먹거리 축제를 생각해보라. 먹거리 축제를 즐기기 위해 직접 가보면 결코 싸지 않은 가격을 보고 당황한 적이 있을 것이다. 대중이 몰릴 때, 즉 호재가 발표되고 내가 투자한 지역에 사람들이 모여든다면 이때가 매도 시점이다.

투자자들 사이에 "호시절에 못난 자식 장가보낸다"는 말이 있다. 호재가 발표되면 매도자들은 물건을 회수하고, 매수자들은 마음이 급해진다. 이럴 때 로열 층과 비로열 층 사이의 가격 차이가 줄어든다. 물건 자체가 없기 때문에 투자자는 좋은 것 나쁜 것 가릴 겨를이 없다. 그저 물건을 살 수만 있어도 감사한 일이다. 이런 시기에는 저층, 탑층, 끝집(일명 가집)도 잘 팔려 나간다. 임차인의 만기가 1년 이상 남은 물건도 매도 가능하다. 전형적인 매도자 우위의 시장이 느껴진다면 매도 시점이 분명하다.

중개인을 활용하고 필요비를 챙겨라

부동산 투자의 모든 과정에서 중개인의 역할은 대단히 중요하다. 매도에서도 마찬가지다. 매물이 많을 때나 적을 때나 내 물건을 제일 먼저 신경 써줄 중개인과 친밀함을 유지하는 것은 매우 중요하다. 나를 잊지 않도록 주기적으로 연락하고, 방문하고, 동향을 살펴라. 여러 번 강조하지만, 서비스는 수수료에서 나오는 것이다. 중개 수수료를 아까워하지 말고, 중개인의 마음을 얻을 수 있도록 노력하라. 양도 차익에서 공제될 수 있는 필요비 영수증을 꼼꼼히 챙겨라. 앞에서도 언급한 필요비 영수증은 수익과 직결되는 부분이다 (233쪽 필요비 공제 내역 참고). 수리 비용에 대한 세금계산서를 발행해주지 않거나 추가 비용을 요구하는 경우에는 현금영수증, 통장

이체 영수증, 견적서를 꼼꼼히 챙겨놓고 양도세를 신고할 때 첨부하면 된다.

양도세 일반과세에 집중하라

투자 후 1~2년 안에 매도를 생각한다면 양도세 일반과세 기간인 매수 후 1년을 넘기는 것이 좋다. 매수 후 1년 내에 매도하면 양도세가 중과된다. 이런 경우에는 계약서를 작성하고 잔금 지불 시기를 매수 후 1년이 경과한 시점, 즉 일반과세가 적용되는 시점으로 잡는다. 이 방법은 매도자 우위 시장에서는 가능하지만, 매수자 우위 시장에서는 적용하기 힘들다.

정확한 매수 시점과 보유 시점을 알아라

양도세는 보유 기간에 따라 세율이 달라지므로 정확한 취득일과 보유 기간을 기억하고 매도에 임해야 한다. 관련 법조항은 소득세법 제98조다.

제98조(양도 또는 취득의 시기) 자산의 양도 차익을 계산할 때 그 취득 시기 및 양도 시기는 대금을 청산한 날이 분명하지 아니한 경우 등 대통령령으로 정하는 경우를 제외하고는 해당 자산의 대금을 청산한 날로 한다. 이 경우 자산의 대금에는 해당 자산의 양도에 대한 양도소득세 및 양도소득세의 부가세액을 양수자가 부

담하기로 약정한 경우에는 해당 양도소득세 및 양도소득세의 부가세액은 제외한다.〈개정 2010. 12. 27〉[전문개정 2009. 12. 31]

소득세법에 따라 일반매매 시 취득 시기 및 양도 시기를 간단히 정리해보면 〈표 2〉와 같다. 즉 잔금일 기준이며, 잔금일이 불분명할 경우 등기 접수일이 취득 및 양도 시기의 기준이 된다. 이 점을 잘 기억해야 한다.

〈표 2〉 소득세법에 따른 일반매매 시 취득 시기 및 양도 시기

구분		잔금 청산일 분명	잔금 청산일 불분명 또는 잔금 전 소유권 이전
일반매매	취득 시기	잔금 납부일	등기 접수일
	양도 시기		

매도 후 반드시 양도세 예정신고를 하라

자산을 양도한 사람은 납세지 관할 세무서장에게 예정신고를 하도록 되어 있다. 양도 차익이 없거나 양도 차손이 발생한 경우에도 예정신고를 해야 한다. 예정신고 기간은 양도일이 속하는 달의 말일부터 2개월 내에 규정 서식에 맞추어 신고해야 하며, 국세청 홈페이지에서도 가능하다.

자세한 내용은 소득세법 105조와 같다.

제105조(양도소득과세표준 예정신고) ① 제94조 제1항 각 호에서 규정하는 자산을 양도한 거주자는 제92조 제2항에 따라 계산한 양도소득과세표준을 다음 각 호의 구분에 따른 기간에 대통령령으로 정하는 바에 따라 납세지 관할 세무서장에게 신고하여야 한다.

매도를 할 때 가장 중요한 것은 가격이다. 매매 가격은 집의 구조에 따라 차이가 나기도 한다. 매매는 임대와 다르게 리모델링보다는 집의 구조, 향(동향인가 남향인가), 층수에 따라 결정된다. 다른 집은 거래가 되는데 내 집만 거래가 안 된다면 매매가를 낮추거나, 매물을 여러 중개업소에 내놓는 것이 가장 좋은 방법이다.

뭘 먼저 팔아야 하나? (내 집 팔고 이사 가는 경우 매매 순서)

현재 거주하는 집을 매도하고 새로운 집을 매수할 때 어떤 순서로 해야 할까? 자칫 잘못하다가는 계약금을 날릴 수도 있고, 이사 갈 집을 못 구해서 낭패를 볼 수도 있으니 신중해야 한다.

첫째, 이사 갈 집을 구해놓고, 나중에 내 집을 파는 방법이다. 자금 여유가 있다면 상관없지만, 이사 갈 집 계약을 해놓았는데, 내 집이 팔리지 않는다면 계약금을 포기해야 하는 상황이 생길 수 있다.

둘째, 내 집을 먼저 팔고, 집이 팔리면 이사 갈 집을 구하는 방법이다. 내 집은 팔렸는데, 막상 이사 갈 집을 구하지 못하면 이 또한

이것만은 꼭! 꼭!

왜 집이 안 나갈까?

부동산 여러 군데에 임대 물건 또는 매도 물건을 내놓았으나 소식이 없는 경우가 있다. 다른 집들은 거래가 되는데, 내 집만 거래가 안 된다?

원인이 무엇인지 모르고 있다면 공실 기간만 길어지고, 손실이 커진다. 임대가 안 나가는 데는 분명히 이유가 있을 것이다. 수리가 필요하거나 가격 때문일 가능성이 높다. 정확한 정보를 원한다면 중개인에게 도움을 청하라. 중개인은 안 나가는 이유를 정확히 알고 있을 것이다. 곰팡이가 심하다든지, 낡은 싱크대와 욕실 때문에 임차인을 구하기 힘든 경우가 많다. 이럴 경우 수리를 하거나 그만큼 임대료를 낮추는 유연함이 필요하다.

큰일이다. 하지만 자금 사정이 넉넉하지 못하다면 내 집을 먼저 파는 게 위험 부담이 적다. 이사 날짜를 맞추지 못할 경우에는 짐은 이삿짐 센터에 맡겨놓고, 임시로 숙박시설이나 친척 집, 월세 집에 거주하는 방법이 더 경제적일 수 있다.

협상의 기술

협상이란 한쪽의 의견이나 이익을 만족시키는 행위가 아니다. 매도자 vs 매수자, 또는 임대인 vs 임차인 모두에게 만족스러운 결론에 이르는 행위가 협상이다. 흔히 협상을 시장에서 콩나물 값을 흥정하듯 우격다짐이나 윽박지르기 정도로 생각하는 사람들이 있다. 그건 협상이 아니라 협박이 아닐까? 협상 과정을 충분히 거치면 계약에 대한 만족도와 신뢰도가 높아진다. 만족할 만한 협상 과정을 거친 계약은 안전하고 든든하다.

계약 협상에서 중요한 몇 가지를 살펴보겠다.

거절의 기회를 주어라

투자자는 사정이 있는 물건을 좋아한다. 사정이 있는 물건이란 가격이 저렴한 급매 물건을 말한다.

> 급매의 사정에는 두 가지가 있다.
> 하나는 돈이고, 다른 하나는 기간이다.

이 두 가지 때문에 급매가 나온다고 보면 맞다. 급하게 돈이 필요한데 남은 자산이 집뿐이라면 서둘러 팔아야 할 것이다. 가끔 자산이 많은데도, 자금 융통이 원활하지 않아 집을 급매로 내놓는 경우도 있다. 급한 사정으로 나오는 물건일수록 매도자에게 충분한 거절의 기회를 주어야 한다. 매도자는 자기 물건을 누구보다 사랑하는 사람이다. 자신의 물건을 최대한 비싸게 팔고 싶은 것이 당연하다. 그런데 급한 사정으로 싸게 팔려니 그 심정이 오죽하겠는가. 이런 급매 물건이 나오면 매수자는 흥분하게 되지만, 매도자에게 충분한 거절의 기회를 주어야 한다.

급매가 나오자마자 계약을 하게 되면 매도자는 '내가 너무 싸게 팔았나?' 하는 생각이 든다. 그래서 주변 사람들에게 하소연을 하고, 너무 싸게 팔았다는 반응이 돌아올수록 후회가 막심해진다. 이렇게 되면 결국 계약에 문제가 생기게 된다.

나 역시 사정 있는 물건을 좋아하기는 하지만 접근 방식이 조금 다르다. 먼저 매도자에게 꼭 묻는다. "사장님 가족들과 상의하셨습니까? 사장님이 최종 결정권을 가지고 계신 게 맞습니까? 사장님은 아니시겠지만, 가끔 다른 가족이 동의하지 않은 상태라면 입장이 난처해지는 경우도 있어서 그렇습니다." 가족마다 입김이 센 사람이 있다. 최종 결정권자가 있다. 최종 결정권자의 승인이 있어야 일이 순조롭게 성사된다. 이런 식으로 정중하게 물으면 대부분의 남자들은 역정을 내면서 계약을 진행한다. 그럼에도 매도자에게 다시 한 번 생각해볼 기회, 즉 거절의 기회를 주었기 때문에 계약은 무리 없이 순조롭게 마무리된다.

특히 저렴한 물건일수록 거절할 기회를 주는 게 좋다. 그래야 계약이 안전하게 진행된다. 급매가 아니더라도 이런 과정이 필요하다는 점을 염두에 두어야 한다.

가격 흥정을 즐겨라

나의 목표가 저렴한 투자 물건의 매수라면 가격 흥정의 과정을 거치는 편이 좋다. 가격 흥정 역시 거래의 안정성을 높인다.

매도자가 1억 5000만 원에 매물을 내놓았는데 바로 매수자가 나타났다. 매수자는 1억 5000만 원에 계약을 서둘러 진행하고 싶어한다. 이럴 때 매도자는 기분 좋게 바로 계약을 진행할까?

반대의 경우도 있다.

매수자가 1억 5000만 원에 계약 의사를 밝히자마자 매도자가 너무나도 흔쾌히 응하는 것이다. 과연 매수자는 기쁜 마음으로 계약서를 작성할 수 있을까?

보통 사람의 심리는 그렇지 않다. 계약이 이루어진다고 해도 그 과정은 순탄하지 않다. 매도자는 너무 싸게 팔았나 싶어 고민이 깊어지고, 매수자는 너무 비싼 게 아닌가 하는 생각으로 잠을 못 이룬다. '얼마라도 더 받을 걸 그랬나?', '더 깎을 걸 그랬나?' 하는 생각이 머릿속을 떠나지 않는다. 결국 두 사람 모두 다음 날 중개소에 전화를 걸어 계약이 탐탁지 않다는 이야기를 꺼낸다. 과연 누구의 잘못일까?

누구의 잘못도 아니다. 과정의 문제일 뿐이다.

매도자나 매수자, 모두 적정한 가격에 거래를 했음에도 '흥정'의 과정을 전혀 거치지 않았기 때문에 오는 불안감이다. 둘 다 손해 본다는 느낌을 갖게 되는 것이다. 흥정은 적절한 가격에 거래했다는 심리적 안정을 준다.

흥정을 통해 마음의 위안과 명분을 찾는 것이다.

서로 밀고 당기는 협상이 있어야 비록 결과는 달라지지 않더라도 양측의 만족도가 높아진다. 그래야 안정적인 거래로 이어진다. 보통 매도자는 어느 정도의 가격 흥정을 예상하고 조금 높은 가격으로 내놓는 경향이 있다. 매수자도 흥정을 염두에 두고 접근한다. 이런 욕구를 표출하지 못하고 마음속에 담아둔 상태에서 거래를 하면 문제가 생긴다. 충분히 가격 흥정의 과정을 거치고 그 과정을 즐겨야 한다.

나의 약점을 적에게 알리지 마라

지식 정보화 사회에서 정보는 돈과 직결된다. 투자 시장에서도 상대방에 대한 정보를 쥐고 있으면 아무래도 더 유리하다. 가능하면 나에 대한 정보는 상대방에게 감추는 편이 좋다. 내 정보를 차단하고 매도자의 정보를 습득해야 한다. 상대방이 왜 집을 사는지 또는 왜 파는지, 이사 날짜는 언제인지, 아이들이 학교를 다니는지, 자금 사정은 넉넉한지 등의 정보를 알고 있으면 가격을 협상할 때 유리한 입장이 된다. 집을 계약하여 이사를 하게 됐는데, 잔금 날짜는 다가오고 집은 안 팔리는 상태라면? 이런 상황은 분명 상대방에게 약점이 된다. 이를 알게 된 상대방은 가격 흥정을 요구한다. 순진하게 급한 사정을 노출하면 상대방에게 주도권을 주게 되는 것이다.

밀림에서 최상위 포식자인 사자와 호랑이의 첫 번째 먹잇감이 되는 것은 약점이 있는 동물들이다. 다쳐서 빨리 뛰지 못하거나, 무리에서 이탈한 녀석들이다. 이게 정글의 법칙이다. 약점이 있으면 잡아먹힌다. 가능하면 나의 약점을 적에게 알리지 말아야 한다.

양보는 또 다른 양보를 낳는다

배려가 반복되면 상대방은 그것을 마치 권리인 양 생각할 수도 있다. 한 번 양보를 하면 계속해서 양보를 해야 하는 상황이 되는 것이다. 결국 배려와 양보가 또 다른 배려와 양보를 부른다.

경기도 파주에 있는 투자 물건에 임차인을 구해서 계약할 때의 일이다. 임차인이 사정이 어렵다고 하기에 계약금을 10퍼센트에 못 미치게 받았다. 며칠 후 부동산에서 전화가 왔는데 이번에는 잔금 일정을 조금 늦춰달라는 것이었다. 계약금으로 한 번 양보를 했는데, 이제는 잔금 일정까지 양보해달라는 요구였다. 이번에는 단호하게 거절했다. 잔금을 못 맞추면 공실 기간이 길어지기 때문에 내가 관리비와 이자를 추가로 부담해야 하는 상황이었다. 결국 임차인은 잔금 날짜에 맞춰 이사를 했다.

살다 보면 선의를 베풀었는데 나중에는 감정이 상하는 일이 종종 발생한다. 선의를 당연하게 받아들이고 또 다른 선의를 기대하거나 요구하기 때문이다. 그런 상황이 된다면 선의는 사라지고 감정이 상하기 시작한다. 상대방의 사정을 배려하느라 선의를 베풀었는데,

상대방이 그것을 당연한 권리라고 생각한다는 느낌을 받으면 더욱 마음이 상한다. 그래서 양보하더라도 쉽게 양보한다는 느낌을 주어서는 안 된다. 매수자 또는 임대인이 만만한 사람이 아니라는 티를 낼 필요가 있다. 요구를 하면 바로 들어주는 사람이라는 이미지가 생기면 더 큰 요구, 더 무리한 요구를 할 수도 있기 때문이다. 조금은 까다로운 사람이라는 인상을 주어야 요구 사항이 생겨도 한 번 더 생각하고 머뭇거리게 된다. 계속되는 요구를 잘 들어주다가 마지막에 거절을 하면 그동안 배려하고 편의를 봐준 고마움조차 사라진다. 이게 사람의 심리다. 잘못하면 임대인이 임차인의 호구로 전락할 수도 있다. 한 가지를 들어주더라도 협의 과정을 가져야 만만한 임대인은 아니라고 여기게 된다.

요구는 크게, 양보는 작게

가격 협상을 할 때 중요한 원칙이 있다. 매매 금액에 따라 다르지만 500만 원을 깎아달라는 것과 50만 원을 깎아달라는 것은 그 결과가 천지 차이다. 500만 원 깎아달라고 하면 200~300만 원 선에서 조절될 가능성이 있지만, 50만 원 깎아달라고 하면 20~30만 원 선에서 조절될 가능성이 높다. 그래서 요구를 하려면 일단 크게 해야 한다. 반면 깎아주어야 할 입장이라면 작은 금액을 제안해야 한다. 그리고 단호해야 한다.

예를 들어 1억 5500만 원에 내놓으면 매수자는 500만 원을 깎으려고 하는 경향이 있다. 이럴 경우에는 미리 1억 6000만 원에 매도 의뢰를 하고 협상을 통해 조정하는 것이 훨씬 유리하다. 매수자가 가격 흥정을 요구해오면 흥정 폭을 몇 십만 원대로 제안하는 것이 좋다. 그러면 상대는 몇 백만 원을 깎아달라는 요구가 무리라고 여기게 된다. 결국 많아야 100만 원 안팎으로 흥정이 끝난다. 하지만 처음부터 200~300만 원의 가격을 양보하면 그다음에는 10만 원대의 가격 흥정을 벌여야 하는 상황이 올 수 있다. 이를 사전에 차단하기 위한 일이다.

반대로 가격을 깎아달라고 요구하는 입장에서는 최소 몇 백만 원 단위로 시작하는 것이 좋다. 100만 원 단위의 흥정을 거치면서 10만 원대의 흥정 여지를 한 번 더 남겨두는 것이다. 꼭 기억해두어야 한다. '요구는 크게, 양보는 작게.' 이런 전략으로 협상해야 한다. 가격 흥정을 요구할 때 머뭇거리고 주저하는 투자자들이 많다. 하지만 그럴 필요는 없다. 상대도 어느 정도 마음의 준비를 하고 있을 테니 자신의 의사를 당당하게 밝히는 게 좋다. 마치 당연한 요구인 것처럼 당당하게 말하는 연습이 필요하다.

하나를 잃으면 하나를 얻는다

거래 상대의 요구 사항에 의연하게 대처하고 대안을 고민해야 한다. 사람마다 요구 사항도 다르다. 가격을 깎거나 올려달라는 요구도 있고, 도배와 장판을 해달라, 싱크대와 욕실을 수리해달라, 페인트 칠을 새로 해달라고 요구하는 경우도 있다. 또한 잔금 기일을 미뤄달라고 하거나 계약금이 부족하니 계약금 비율을 낮춰달라는 경우도 있다. 이중에 한 가지만 요구할지 전부를 요구할지는 알 수 없다. 그러므로 예상되는 다양한 요구에 대해 어떻게 대응할 것인지를 미리 생각해두어야 한다.

잔금 기일을 늦춰달라고 하면 계약금을 많이 받는다든가 중도금 기일을 앞당길 것을 요구할 수 있다. 도배, 장판, 싱크대, 욕실 수리 등을 요구할 경우에는 그대로 입주하면 현 임대료로 가능하지만 수리를 하면 임대료를 올릴 수밖에 없다고 이야기할 수 있다. 즉 상대방이 하나를 요구하면 하나를 잃게 된다는 사실을 주지시켜줄 필요가 있다. 여기서 요구하는 측은 계약 당사자뿐만 아니라 중개인도 될 수 있다. 중개인은 거래 성사를 위해 주도권을 가진 사람 편에서서 일처리를 하기 때문이다.

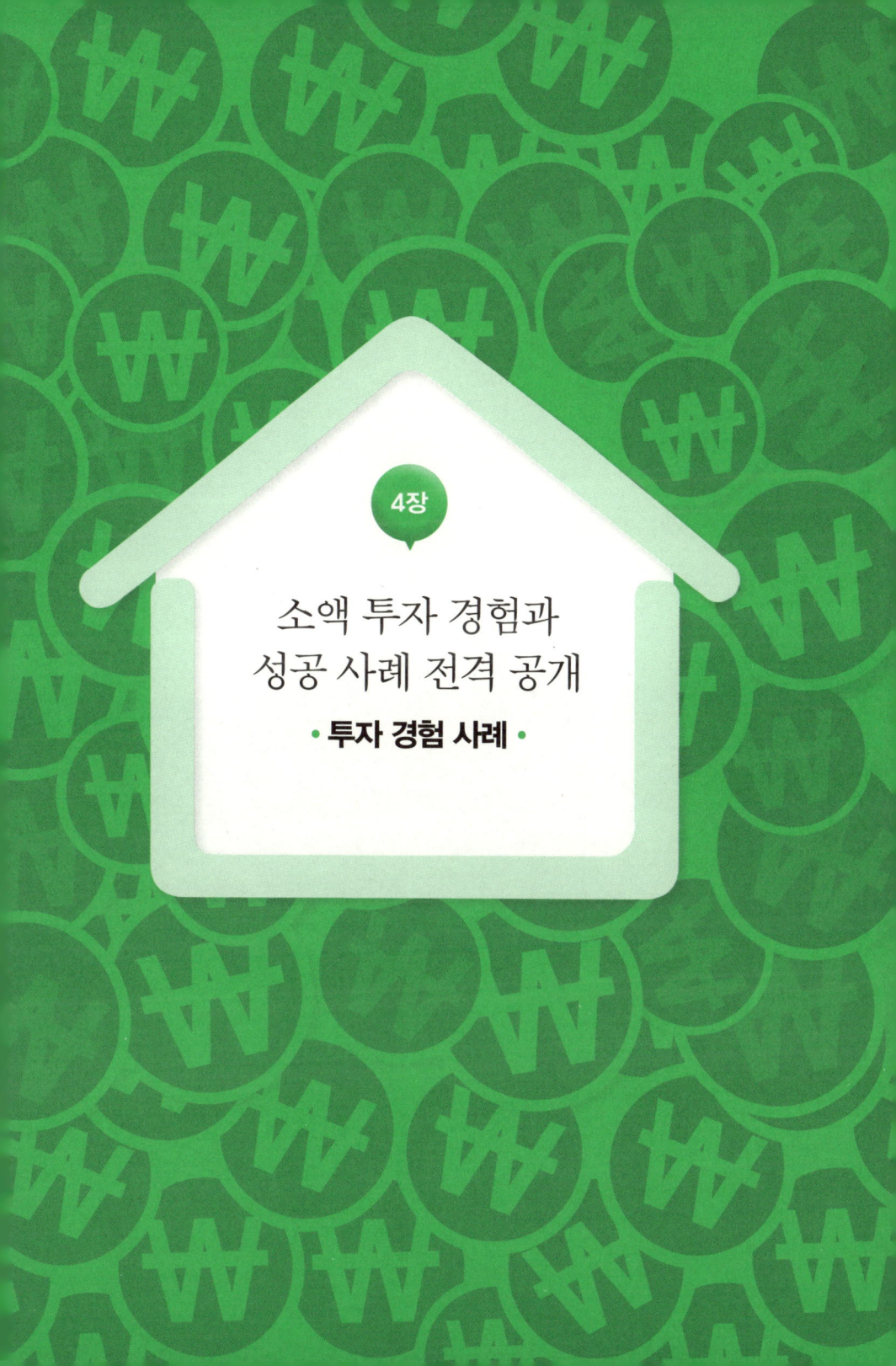

4장

소액 투자 경험과
성공 사례 전격 공개

· 투자 경험 사례 ·

빌라/다세대/연립
투자하기

외국에서 빌라는 고급스러운 저택이나 교외의 별장을 뜻한다. 하지만 우리가 아는 빌라는 다세대, 연립과 비슷한 개념이다.

먼저 연립주택이란 건물의 건축 연면적이 660제곱미터를 초과하는 4층 이하의 공동주택을 말한다. 내부 구조는 아파트와 비슷하다.

다세대주택은 면적이 660제곱미터 이하이고 4층 이하인 주택을 말한다. 한 건물임에도 여러 세대가 거주할 수 있도록 주거 공간이 별도로 분리되어 있다. 이 점은 연립과 다세대가 같다. 둘은 비슷한 듯 조금 다르지만 혼용하는 경우가 많아 이 책에서는 모두 빌라로 통칭하고자 한다.

빌라는 건축 연도에 따라 그 모습이 다르다. 로드뷰나 간단한 겉 모습을 통해서도 대략적인 건축 연도를 파악할 수 있다. 2층짜리 빌라는 1980년대 초반에 건축된 경우가 많다. 3층짜리 빌라는 1980년대 후반에 건축되었다. 4층짜리 빨간 벽돌로 지어진 빌라는 1990년대에 생겼으며, 2000년대 들어서는 현재 주변에서 많이 보이는 다가구 형태의 모습으로 건축되었다.

내가 빌라에 투자하게 된 계기는 역시 종잣돈이 부족했기 때문이다. 2005년 첫 투자 당시 빌라가 가장 저렴한 주거 형태였고, 이는 지금도 크게 달라지지 않았다. 주거형 건물로 투자를 시작한 이유는 나에게 가장 친숙한 부동산이 바로 주거형 건물이기 때문이다. 대전은 주거형 건물 중 아파트가 약 60퍼센트에 달하고, 빌라는 약 10퍼센트를 차지한다(2010년 통계청 총인구 조사 자료 참고). 대전의 경우 주거형 건물의 70퍼센트가 아파트와 빌라라고 할 수 있다. 빌라 투자가 돈이 가장 적게 들고 쉬울 거라고 여겨 접근했지만 투자 경험이 쌓이다 보니 역시 아파트가 투자하기에 훨씬 수월하다는 것을 알게 되었다.

원래 빌라 투자는 재건축, 재개발을 목적으로 하는 경우가 많다. 재건축, 재개발은 돈 있는 사람들의 투자 방식이지 소액 투자를 시작하는 초보자에게는 권하고 싶지 않다. 돈이 오랫동안 묶여 있을 수 있기 때문이다. 나는 재개발, 재건축을 목적으로 빌라 투자를 시작한 것이 아니라 소액인 종잣돈의 빠른 회전을 목적으로 투자를 시작했다.

<표 3> 4층 빌라의 선호도 순위

4층	선호도 4순위
3층	선호도 2순위
2층	선호도 1순위
1층	선호도 3순위

당시 빌라는 실거래 가격을 파악하기가 쉽지 않았다. 그래서 무엇보다 정확한 시세를 파악하는 일이 중요했다. 하지만 이런 단점이 투자자에게 장점이 되기도 했다. 예를 들어 4층짜리 빌라가 있다면 로열 층은 2층과 3층이다. 아파트와 달리 빌라는 꼭대기 층보다는 1층을 더 선호한다. 누수 문제가 생기고, 엘리베이터가 없기 때문이다. 아파트는 꼭대기 층에 누수가 생길 경우 관리사무소에서 해결해준다. 옥상은 공동주택의 공유 부분이기에 장기수선충당금을 걷어 보수해준다. 빌라는 이런 인식이 부족해 옥상에 누수가 생길 경우 꼭대기 층에 사는 세대가 부담하는 것이 일반적이다. 그러다 보니 분쟁과 다툼이 자주 발생한다. 초보 투자자라면 가급적 꼭대기 층은 피하는 것이 좋다.

빌라의 로열 층을 정리해보면 로열 층(중간 층) → 준로열 층(1층) → 비선호 층(꼭대기 층)으로 볼 수 있다. 또 빌라에 투자할 때는 건물의 관리 상태를 잘 살펴봐야 한다. 빌라는 수도요금을 1층의 총무 세대가 걷어서 납부하거나 호수별로 돌아가면서 납부하는 경우가 많다. 관리가 잘되는 빌라는 입구부터 깨끗하다. 공동관리비를 걷어 청소를 하기 때문이다. 현장 방문 시 이런 빌라를 골라 우선 투자 대상으로 삼아야 한다.

빌라를 방문하다 보면 놀라게 되는 점이 또 하나 있다. 바로 면적이다. 부동산에서는 99제곱미터(30평)이라고 이야기했는데, 실제로는 공간이 너무 협소한 것이다. 빌라는 분양 면적에 공용 면적을 모두 포함해서 이야기하기 때문에 아파트와 같은 개념으로 생각했다가는 그 차이에 당황할 수밖에 없다. 빌라에 투자할 때는 분양 면적만 볼 것이 아니라 대략적인 면적에 대한 개념을 갖고 있어야 한다.

〈표 4〉는 내가 빌라 투자를 하면서 나름대로 빌라 분양 면적에 따른 구조를 그려본 것이다.

아파트는 계단식 79제곱미터(24평)라면 대략 구조가 그려진다. 방 세 개에 거실은 작은 편이고, 욕실은 하나가 있는 구조다. 그에

〈표 4〉 빌라 분양 면적에 따른 구조

면적	방	욕실	거실	특징
59m²(18평)	3	1	소	거실이 거의 없음
69m²(21평)	3	1	중	방이 2개인 경우 거실은 중간 이상 크기
82m²(25평)	3	1	대	욕실이 2개면 거실이 중간 크기

비해 빌라는 천차만별이다. 그래서 나만의 기준이 필요하다. 부동산에서 92제곱미터(28평)라고 이야기하면 집의 구조를 먼저 물어봐야 한다. 방은 몇 개이고 욕실은 몇 개인지. 이때 방이 세 개이고 욕실이 하나라고 하면 거실이 제법 넓겠구나 하고 생각하면 비교적 정확하다. 자기만의 기준을 만들어두면 부동산 중개인의 이야기만 듣고도 빌라의 구조를 대충 머릿속에 그릴 수 있게 된다.

또 한 가지 중요한 것은 지분이다. 건물에 대한 땅의 크기는 빌라 투자에서 매우 중요한 요소다. 빌라는 아파트에 비해 노후도가 빠른 편이다. 시간이 흘러 남는 것은 결국 지분이고, 재건축이나 재개발이 된다면 지분에 따라 보상 비율이 달라지기 때문이다. 같은 가격이라면 대지 지분이 많은 물건을 선택해야 한다.

그 밖에 입지를 비교하거나 거래 시 주의해야 할 사항은 아파트 투자와 크게 다르지 않다. 다만, 아파트에 비해 수요자가 적기 때문에 거래까지 걸리는 시간이 아파트보다 긴 편이다. 임대는 그나마 그리 오래 걸리지 않지만 매매를 할 경우에는 빨라도 3~6개월 정도 걸린다. 만일 소유한 빌라를 빨리 팔고자 한다면 여러 부동산에 의뢰를 하는 것도 하나의 방법이고, 전단지 작업이나 인터넷 직거래 사이트에 사진을 첨부해서 올려놓는 방법도 이용해볼 수 있다.

내가 2008년과 2009년에 주로 빌라 투자를 했던 지역은 대전 동구 용전동과 대덕구 중리동이다. 4000~5000만 원 선의 빌라를 낙

투자 지역	용전동	중리동	오정동
물건	국영빌라	동건빌라	홍성빌라
면적	전용 52m²	전용 72m²	전용 49m²
매매 가격	3540만 원	4900만 원	2200만 원
전세금	4300만 원	5500만 원	3000만 원
투자 형태	경매	매매	경매
투자 비용	430만 원	250만 원	310만 원
회수 비용	330만 원	350만 원	490만 원

찰받거나 매수한 후 일부 수리를 하여 5500~6500만 원에 임대를 놓고 자본금을 회수하는 패턴이었다.

주로 욕실, 싱크대 위주로 수리하거나 교체했다. 이때는 도배를 직접 하기도 했다. 수리 비용은 평균 300만 원 정도였지만, 한 건당 적게는 500만 원에서 많게는 1000만 원 정도의 종잣돈을 만들 수 있었다.

본격적인 투자를 시작한 시기에 기업도시, 혁신도시, 세종시 이전 등으로 지방에서도 빌라와 아파트 값이 크게 오르기 시작했다. 일반 경매 물건의 경우 낙찰가 100퍼센트를 넘기는 일이 많았고, 전셋값도 많이 오르는 추세였기에 어느 지역에 투자해도 수익이 발생했다. 〈표 5〉는 당시 빌라 투자 현황 중 일부다.

전용 면적

부동산 등기부등본상에 기재되어 있는 면적을 말한다. 아파트 내부인 방, 거실, 욕실 등 실제 사용하는 내부 공간을 말하며, 베란다와 발코니는 전용 면적이 아니라 서비스 면적이다.

공용 면적

공동주택 내의 건축 면적 중에서 여러 사람이 함께 쓰는 곳의 면적을 말한다. 현관, 복도, 계단 등은 주거 공용 면적이고, 지하층, 관리사무소, 노인정 등은 기타 공용 면적에 해당한다.

분양 면적

공동주택의 전용 면적과 주거 공용 면적을 합친 것이다.

집을 사고도 돈이 남는 시스템…… 정말 신기했다.

부동산을 사면 세금에 치어 죽고, 큰일 나는 줄 알았다. 부동산 투자는 나와는 동떨어진, 돈 있는 사람들만의 전유물이라 생각했는데 그게 아니었다. '나도 할 수 있구나!' 스스로 이뤄낸 결과물에 나 자신이 대견하고 자랑스러웠다. 첫 투자 실패 이후 빌라 투자에서 성공을 맛보면서 이런 패턴의 투자를 계속했다. 전세와 매매가 모

두 상승하는 시기였다. 임장이 즐거웠고, 잘될 것이라는 꿈이 커져
갔다.

2009년 말에서 2010년 사이에는 소형 임대아파트를 분양 전환하
는 투자 물건이 유행이었다. 이 무렵 빌라 투자에서 손을 떼고, 서서
히 소형 아파트로 투자처를 옮겼고, 더 적극적으로 투자를 했다.

월세 투자와
전세 투자

월세의 상방 경직성으로 인해 월세가 오르지 않고, 더구나 매매 시세도 오르지 않는다면 결국 인플레이션으로 인한 손실을 고스란히 떠안게 된다.

현금 자산만 보유한 사람들이 가장 무서워하는 것이 바로 인플레이션이다. 이에 대비하기 위해서는 주기적으로 현금을 현물로 바꾸는 일을 해야 한다.

그래야 인플레이션으로 인한 손실을 막을 수 있다. 이를 위해 현물 투자를 지속적으로 해야 한다. 현금의 가치는 떨어지지만 현물의 가치는 지속적으로 상승하기 때문이다(예: 금리와 물가). 수도권 외 지역의 월세 수익은 보통 보증금 500~1000만 원 사이에서 월 30~50만 원 사이다. 임대차보호법상 계약 기간을 2년으로 잡고 거래 시 비용과 관리 비용이 전혀 들지 않는다고 할 때 월 40만 원이면 2년이면 1000만 원가량의 월세를 받을 수 있다. 이는 대출 없이 1억 원에 가까운 돈을 투자했을 때 받는 금액이다. 단순 계산해서 9퍼센트의 수익률이다. 은행 이자율에 비하면 다섯 배 가까운 투자 수익률이다. 하지만 1억 원이란 투자금이 필요하다.

이때 고민해야 할 것은 계약을 갱신할 때마다 월세를 올려 받을 수 있는가이다. 내 경험에 따르면 월세는 상방 경직성이 강하다. 또한 임차인들은 일정 금액이 넘으면 상당한 거부감을 가진다. 주거비 비중이 높아지기 때문에 고액 월세를 부담할 수 있는 수요층은 극히 제한적이다. 결론적으로 월세는 잘 오르지 않는다고 봐야 한다. 서울과 수도권의 도심 지역 외에는 거의 비슷하다. 대학가의 원룸 월세가 내가 대학 다닐 때와 별반 차이가 없음을 보고 놀란 적이 있다. 여기에 시세까지 제자리걸음이라면 월세 투자는 현금 흐름에 치명적인 약점이 된다. 월세가 나오면 무조건 수익형 부동산이라고들 하는데, 내 생각은 다르다.

진정한 수익형은 인플레이션을 방어할 만큼 현금 흐름의 상승이 수반되어야 한다.

그저 월세가 나오기만 하면 수익형 상품이 아니라는 것이다. 월세 투자에 치중하는 투자자라면 이 점을 명심해야 한다. 또한 월세 수익률의 함정에 빠지지 말아야 한다.

월세 수익률의 함정이란 수익형 부동산 투자 시 월세 수익률에만 치중하여 물건을 분석하여 투자하는 경우 발생할 수 있는 문제점이다. 대출을 극대화하여 수익률은 높지만 수익금이 너무 적어지는 경우도 있다. 전세 투자에 비해 유지·보수 비용이 과도하게 지출되기도 한다. 또한 시간이 지남에 따라 월세 하락 및 노후화로 인해 매도를 하고 싶어도 할 수 없는 함정에 빠지기도 한다.

주거형 건물의 월세를 통한 가치는 1000만 원당 월세 4~5만 원선이 적당하다. 1억 원짜리 아파트라면 월세 50만 원 정도다. 보증금 1000만 원이라면 월 45만 원이 적정선이다. 그런데 세월이 흘러 매매가가 1억 2000만 원이 되었는데, 월세는 그대로 보증금 1000만 원에 월 45만 원이라면 월세 수익을 기대하고 매수할 투자자가 있을지 의문이다. 현금 흐름을 중시하는 투자자라면 이 아파트를 매수하지 않을 것이다. 즉 1억 2000만 원의 가치가 거품일 수 있다는 이야기다. 수익형 부동산 투자자들은 반드시 투자 대상 물건의 월세 추이를 살펴보고 투자를 결정해야 한다.

반면 전세 투자는 어떨까?

앞서 설명했던 물건 검색법을 이용하여 경기도 외곽의 72제곱미터(22평) 복도식 1억 2000만 원짜리 아파트에 투자를 했다고 가정해보자. 매매 가격은 1억 2000만 원인데, 전세 가격은 1억 원이므로 우선 투자금이 2000만 원 든다. 물건 검색법을 활용한 결과 1년에 700~800만 원의 전세가 상승이 있었으며, 2년 후에는 매매가를 넘을 것으로 예상된다. 그러면 2년 후에 기존 상승률대로 전세금이 나왔다면 전세가 상승으로 받는 금액은 1500만 원 이상이 된다.

나는 짧게는 6개월, 길게는 2년 안에 원금 회수가 가능한 지역에 투자했다. 보통 2년 이내에 전세가가 매매가를 넘었고, 미래의 수익을 전세금 증액으로 미리 받아서 사용했으며 지속 가능한 투자를 위해 반복적인 투자로 수량을 늘렸다. 전세 투자의 리스크는 전세가가 오르면서 매매가 상승을 유도해야 한다는 것이다. 물론 신도시 택지개발 지구나 인근에 공급 물량이 많은 지역은 역전세의 위험이 있다. 이런 지역은 매입 임대사업자 물건으로 등록해서 최소 5년 이상 신도시가 자리 잡을 때까지 기다리는 장기 전략이 필요하다. 역전세를 감당할 수 있을 만큼의 수량만 보유해야 하고, 기다릴 자신이 없다면 절대 투자해서는 안 되는 지역이 신도시 또는 공급 물량이 많은 지역이다.

전세 투자와 월세 투자, 어느 것이 정답일까? 정답은 자신의 상황에 맞게 투자하는 것이다.

가장 이상적인 전세:월세 비율은 7:3 또는 6:4다. 하지만 이 비율이 절대적인 것은 아니다. 시장 상황과 개인의 투자 성향에 따라 유연하게 조절할 수 있어야 한다.

세입자 vs 임차인

세입자는 뭐고 임차인은 뭘까? 많이 쓰는 말인데도 정확한 뜻을 모르는 경우가 많아 정리해볼 필요가 있다. 별반 다르지 않은데, 주택임대차보호법과 상가임대차보호법에서 임대인, 임차인이란 용어를 쓰고 있으니 세입자 대신 임차인이란 용어를 쓰도록 하겠다.

- 세입자(貰入者): 세를 내고 남의 집이나 방 따위를 빌려 쓰는 사람.
- 임차인(賃借人): 임대차 계약에서 돈을 내고 물건을 빌려 쓰는 사람.

임차인의 의무
제615조(차주의 원상회복의무와 철거권) 차주가 차용물을 반환하는 때에는 이를 원상에 회복하여야 한다. 이에 부속시킨 물건은 철거할 수 있다.

제629조(임차권의 양도, 전대의 제한) ①임차인은 임대인의 동의 없이 그 권리를 양도하거나 임차물을 전대하지 못한다.
②임차인이 전항의 규정에 위반한 때에는 임대인은 계약을 해지할 수 있다.

제634조(임차인의 통지의무) 임차물의 수리를 요하거나 임차물에 대하여 권리를 주장하는 자가 있는 때에는 임차인은 지체 없이 임대인에게 이를 통지하여야 한다. 그러나 임대인이 이미 이를 안 때에는 그러하지 아니하다.

법 좋다! 하지만 실제 상황에서는 법 적용이 매우 번거로운 일이다. 몇 만 원 몇 십만 원 정도의 수리비를 가지고 매번 소송을 할 수는 없다. 이렇게 하면 힘들어서 못 버틴다. 실제로는 양보와 타협으로 순리대로 처리하는 방법이 가장 좋고, 그게 가장 잘 통한다. 임차인을 내 고객이라 여기고 가능한 범위 내에서 최상의 서비스를 제공하는 것이 좋다. 그래야 공실률도 낮추고, 스트레스도 줄일 수 있다.

양을 늘릴 것인가,
질을 높일 것인가

현금 흐름을 만들 것인가, 수량을 늘릴 것인가? 투자자들이 가장 많이 고민하는 것 중의 하나다. 양과 질을 굳이 따지자면 나는 질에 집중하라고 조언한다. 돈도 안 되는 물건 수량이 많아지면 관리하기가 여간 번거로운 일이 아니다. '누구는 몇 채 가졌네'라는 이야기를 들을 때마다 귀가 솔깃한 것이 사실이지만, 10년 가까이 투자를 하면서 느낀 것은 지역이 중요하지 수량은 그리 중요하지 않다는 것이다. 먼저 양보다 질에 집중하고 이력이 붙으면 그때 양질의 물건을 밴딩 투자법(한 지역에 월세와 전세를 두세 채 정도 계약하는 투자법)으로 여러 채를 매수하는 방법이 현명하다.

또 한 가지 고민은 월세를 놓을 것인가, 전세를 놓을 것인가다. 현금 흐름이 좋은 사람이라면 전세 투자로 수량을 늘리고, 향후 한 채씩 정리하여 월세 비중을 높이고 노후를 대비하는 방법이 좋다. 내 경험에 비추어보면 전세 투자와 월세 투자를 비교하면 전세 투자의 수익률이 훨씬 높았다.

투자금이 필요한 경우 월세를 전세로 돌리거나, 월세 수익률이 좋은 지역은 전세를 월세로 전환해야 한다. 투자에 왕도는 없다. 투자자의 경제적 여건과 투자 성향에 맞게 투자하는 것이 정답이다. 월세 투자를 적정한 비율로 유지해야 하는 이유는 삶의 질 때문이다. 투자를 위해 대출을 받고 그 대출 때문에 삶의 질이 떨어진다면 본말이 전도되는 꼴이다. 가족의 행복을 위해 시작했는데, 그로 인해 가족이 행복하지 않다면 그 투자는 실패할 가능성이 높다. 대출 이자를 갚느라 삶의 질을 떨어뜨리지 않는 범위 내에서 투자를 하는 것이 바람직하다. 월세 수입으로 대출 이자를 감당하고도 남을 수 있는 포트폴리오를 구성해야 한다.

월세 투자는 초기 투자금이 많이 들고, 전세 투자는 수입이 없어 낙심하는 투자자들이 많다. 최소 1회전(임대 계약이 한 번 이상 만기) 이상 되어야 투자 물건들이 추가 비용 없이 스스로 돌아가는 시스템이 만들어진다는 것을 알아야 한다. 이 시스템은 프랜차이즈 매장의 오토 시스템보다 관리가 쉽다. 급여를 올려달라는 직원도 없고, 산업재해를 걱정하지 않아도 되고, 직원 관리에 골치를 썩지 않아도 된다. 가장 큰 장점은 내가 없어도 돌아가는 오토 시스템이기 때문에 내 본업에 충실할 수 있다는 것이다. 가끔 번거로운 일이 생기지만, 한 채당 1년에 한두 번뿐이다. 이 정도도 감수하지 않고 경제적 자유를 누리려고 한다면 욕심일 것이다.

소형, 수익형,
1억에 10채 광고는 어떻게 볼까?

저금리 기조로 은행에 예금해봐야 받을 수 있는 이자가 1퍼센트 대로 떨어졌다. 중대형 아파트 값이 맥을 못 추고 중소형 아파트의 강세가 두드러지자 이 틈을 타 수익형 물건이라며 소형 아파트를 분양하거나 다가구, 도시형 생활주택, 오피스텔을 분양하는 업자들이 기하급수적으로 늘었다. 이들은 광고와 인터넷 분양 카페를 통해 물건을 분양한다. 분양 카페들은 100~300만 원 단위 혹은 그 이상의 수수료를 받고 회원들에게 물건을 분양하고 있다.

투자 가치가 높은 물건이라면 그 정도의 수수료는 지불해도 괜찮다. 하지만 그렇지 않은 경우도 많기 때문에 문제다. 투자자들이 이런 광고를 맹목적으로 수용하는 것은 위험하다.

과연 이 광고의 수익률이 진짜일까? 진짜라면 지속 가능한 수익률일까? 광고하는 호재는 실현 가능한 것인가? 매수 후 매도는 가능한가? 이런 의문을 지속적으로 가져야 한다.

먼저 제시하는 수익률을 꼼꼼히 따져보아야 한다. 수익률이 대출 이자 공제 전인지 공제 후인지를 살펴야 한다. 매매 가격에 적정한 임대료를 맞춰놓고, 비싼 가격에 분양을 하는 경우가 많다. 임차인은 계약 기간이 만료되면 임대료 인하를 요구하는 사례가 빈번하다. 이런 경우 분양 전에 제시한 수익률은 거짓말이 된다.

또 한 가지 문제는 늘어나는 신축 수익형 물건들과 경쟁해야 한다는 것이다. 도시형 생활주택과 오피스텔은 다가구와 늘 경쟁해야 한다. 최근 트렌드는 주방 오픈형 원룸으로 1인 가구 위주의 풀옵션 도시형 생활주택과 다가구주택, 다중주택, 오피스텔이다. 임차인이 내 집같이 물건을 사용해주면 좋겠지만, 그럴 리 만무하다. 풀옵션의 가전제품들은 고장이 잦고, 임차인이 바뀔 때마다 수리하거나 교체해야 할 정도로 엉망이 된다. 더 심각한 문제는 월 임대료의 상방 경직성으로 인해 월세가 오르지 않는다는 점이며, 시간이 흐를수록 건물이 노후되어 임차인들이 주변의 신축 건물로 이동한다는 것이다.

이는 임대사업 최대의 적인 공실로 이어지고 만다.

만약 확신이 서지 않고, 믿음이 없다면 투자를 미뤄야 한다. 투자를 미루고 쉬는 것도 투자다. 절대 조급할 이유가 없다.

분양업자들이 투자자를 현혹하는 단골 멘트가 있다.

"계약자가 대기하고 있으니 결정을 서둘러야 해요."

"지금 결정하지 못하면 다시는 이런 기회가 없어요."

이런 말을 들을 때마다 초보자는 마음이 요동친다. 계약을 안 하면 큰일 날 것 같지만, 그 물건을 놓쳐도 당장 아무 일도 일어나지 않는다. 그런 조바심에 쫓겨 덜컥 계약을 할 때 더 큰 문제가 발생한다. 다시 한 번 강조하지만, 준비가 미흡한 상태로 전쟁터에 나서면 안 된다. 부동산 시장이라는 전쟁터의 총알받이가 될 수도 있음을 명심해야 한다.

급하게 먹으면
체한다

　부동산 투자는 대체로 연륜이 있는 사람이 더 잘한다. 사회에서 일어나는 모든 일이 사람 사이의 관계에서 비롯한 것이듯, 부동산도 별반 다르지 않다. 부동산 거래도 사람과 사람 사이의 일이라 대인관계에 능한 사람이 유리하다. 사회 경험이 풍부한 50~60대는 다양한 부류의 사람들을 겪어봤기에 어떤 상황에도 대처를 잘하고 여유가 있다. 이에 비해 30~40대는 사회 경험이 부족하여 일을 그르치는 경우가 종종 있다.

　초보 투자자라면 첫 투자에 신중을 기해야 한다. 처음부터 많은 이득을 취하기보다는 경험을 쌓고 배운다는 생각으로 접근해야 한다. 경험이 누적되면 자연스럽게 좋은 물건을 고르는 안목을 갖게 된다. 투자 경험이 쌓일수록 좋은 물건을 갖게 되는 것도 이 때문이다.

2000년 중반 국토 균형 발전 정책에 따라 지방에도 부동산 투자 열풍이 불었다. 너도 나도 부동산 투자, 경매에 열을 올렸다. 이 시기에 경매 책 몇 권 읽고 법원에 드나들면서 고가 낙찰을 받고 과도한 대출을 받아 수량을 늘리던 투자자가 많았다. 2008년 미국발 서브프라임 모기지론 사태가 터지면서 투자 시장에서 사라져간 사람이 한둘이 아니다. 바로 무모한 욕심 때문이었다. 초보라면 소액부터 시작해 차근차근 투자 규모를 늘려가는 것이 바람직하다.

단번에 승부를 보겠다는 과욕이 일을 그르치고 종잣돈마저 날릴 위험을 부른다. 과욕은 실수를 부르고 시야를 좁게 한다. 가장 이상적인 투자 방법은 자신의 상황에 맞게 감당할 만큼의 한도 내에서 여유를 갖고 천천히 하는 것이다.

투자에 임하는 초보자들이 명심할 점이 있다.

첫째, 충분히 준비해야 한다. 준비되지 않은 채 섣불리 투자 시장에 발을 들여놓았다가 실패한 투자자가 수두룩하다. 책을 읽고, 시간이 날 때마다 투자 관련 세미나와 강의를 들으면서 간접 경험을 쌓아가야 한다. 물론 책과 현실은 괴리가 있다. 이 간극은 직접 시장을 경험하면서 줄여나갈 수 있다.

둘째, 인생에서 투자를 우선순위에 두어야 한다. 시간과 지출에서 투자를 우선순위에 두고 행동을 바꿔야 한다. 친목 모임에 나가야 하고, 여행을 가야 하고 핑계는 참 많다. 단언컨대 핑계가 많은 사람은 부자가 될 수 없다. 투자에 성공하려면 간절함과 절실함을 가지고 투자에 방해가 되는 나쁜 습관을 투자에 도움이 되는 좋은 습관으로 바꿔나가야 한다.

> 내가 알고 있는 부자들은 '~때문에'가 아니라 '~임에도 불구하고'라고 말한다.

셋째, 내가 감당할 정도의 투자만 해야 한다. 개개인마다 사정이 다르고 투자 물건도 다양하다. 좋은 투자 물건이란 스스로 감당이 가능한 물건을 말한다. 좋은 투자 물건이란 내 몸에 맞는 옷과 같다. 아무리 예쁘고 값싼 옷이 있다 해도 지나치게 크거나 색깔이 나와 어울리지 않는다면 살 수 없는 것과 마찬가지다. 경제적 여건과 제반 사정을 고려했을 때 감당할 만한 물건이 내게 맞는 좋은 투자 물건이다.

소형 아파트 투자와
원금 회수에 대하여

소형 아파트란 전용 면적 85제곱미터(25평) 미만의 아파트를 말한다. 내가 소형 아파트 투자를 시작한 이유는 투자금이 적게 들고, 수요가 제일 많기 때문이다. 소형 아파트 투자를 경험하면서 세운 원칙이 있다.

소형 아파트 투자 원칙

❶ 1년 이내에 만기가 돌아오는 물건에 투자한다.

❷ 최대 2년 이내에 원금 회수가 가능한 물건에 투자한다.

❸ 임대 물건이 부족한 지역에 투자한다.

❹ 가급적 만기에 맞춰서 판다.

❺ 매매 또는 임대 시 유연한 사고를 가진다.

❻ 임차인은 나의 고객임을 잊지 않는다.

❼ 투자 물건은 많다. 조급함에 눈이 멀어서는 안 된다.

❽ 꾸준함이 기술이다. 멈추지 않는다.

❾ 매수 시에는 매도를 생각한다.

이것만은 꼭! 꼭!

실거주 전세 계약 시 깡통전세에 대처하는 요령

❶ 대출금＋전세금이 집값의 70퍼센트가 넘으면 위험할 수 있다. 아파트에 선 순위 저당권이 설정되어 있다면 계약하지 않는 것이 좋다. 전세 계약 후 잔 금 지불 시점에 저당권을 말소하는 조건이라면 가능하다.

❷ 선순위 근저당금이 설정되어 있으면 계약하지 않는다.

❸ 전세 계약 후 잔금 지불 시점에 저당권을 말소하는 조건의 계약은 가능하다.

❹ 전입 및 확정일자를 반드시 받는다. 모든 권리보다 선순위여야 한다.

❺ 대한주택보증과 서울보증보험에 전세보증금 반환 보증보험에 가입할 수 있 는지를 확인한다.

투자를 했는데,
오히려 돈이 남는 건 왜?

마이너스 프리미엄(투자금이 필요 없는) 투자 사례

지역: 충청남도 예산군 삽교읍 남선아파트

시기: 2011년 12월

투자 이유: 충남도청 내포 신도시 이전 호재, 산업단지 수요

2011년 12월 24일 예산으로 임장을 갔다. 전날 내린 눈으로 큰길을 제외하고는 눈이 제법 쌓여 있었다. 어머니가 서산에 사시고 있어 잘 아는 지역이었고, 모니터링으로 지역 분석이 끝난 상태였다. 처음에는 봉림아파트를 매수하려 했으나, 5층짜리인데 엘리베이터

가 없었다. 시세를 알아보려 했는데 외진 곳이라 부동산이 없었다. 주변을 서성이던 중 쓰레기를 버리러 나온 아주머니를 만났는데, 아파트 총무를 맡고 있다고 했다. 나 홀로 아파트 또는 시골 아파트의 경우 부동산이 없다면 관리사무소, 세탁소, 슈퍼를 통해 매물 정보를 얻을 수 있다. 총무 아주머니는 몇 동 몇 호가 매물로 나와 있는지 잘 알고 있었다. 아주머니의 도움으로 노부부가 사는 집을 보게 되었는데 5500만 원에 내놓았다고 했다. 물건을 보고 나오는데, 바로 옆에 남선아파트가 보였다. 엘리베이터가 있었고, 바로 옆에 초등학교가 붙어 있었다. 남선아파트로 향했고, 경비실 관리소장을 통해 매물 정보를 듣고 5000만 원에 매수했다. 관리소장은 전세를 3000만 원까지 받아준다고 하셨고, 나는 대출 3400만 원에 전세 3000만 원을 맞춰 거래를 마무리했다. 소유권 이전을 마쳤을 때 내 손에는 1200만 원가량이 남았다. 기대 수익률을 이미 달성한 셈이었고, 만기 시에 보증금 1000만 원에 월 35~40만 원의 월세로 전환할 예정이다.

이곳 외의 지방 투자는 천안, 아산, 구미, 김천 등에서 분양 전환 물건에 주로 투자했다. 투자 후 1~2년 내에 전세가가 매매가를 넘었고, 현재 투자 원금을 모두 회수한 상태다.

계약금만 가지고
투자가 가능한가?

1000만 원 미만 소액 투자 사례

지역: 대전 대덕구 목상동 다사랑아파트 복도식 69제곱미터

시기: 2010년 6월

투자 이유: 산업단지로 인한 꾸준한 임대 수요, 저렴한 난방비

대전에는 큰 산업단지가 두 개 있다. 그중 하나가 바로 대덕구 신탄진에 있는 대전 3·4산업단지다. 다사랑아파트의 매력은 탄탄한 실수요층과 산업단지에서 75퍼센트의 연료비를 지원해주는 점이다. 겨울철에 난방비가 2~3만 원밖에 안 나온다. 또한 5000만

원 후반대의 매매 가격에 전세 가격이 5000만 원이 넘기 때문에 투자금이 1000만 원 미만으로 가능했다.

그래서 밴딩 투자법으로 투자했다. 2009~2010년 당시 목상동 다사랑아파트의 낙찰가는 5000~5500만 원이었다. 당시 낙찰가는 감정가의 100퍼센트를 넘기고 있었다. 경매로는 가능성이 낮아 일반 매물을 찾기 시작했다. 경매보다 조금 비싼 가격이었지만, 5800~6300만 원대에 매수했다. 현재 다사랑아파트의 매매가는 9500만 원 선이다. 월세는 보증금 1000만 원에 월세 35~40만 원이다. 대전 3·4산업단지, 대전 테크노밸리, 대전 과학벨트 등 기대되는 호재들이 있기 때문에 장기 보유할 생각이다.

패찰의 교훈 1

경매 대신 매매 투자 사례_크리스마스 선물 I

지역: 대전 유성구 송강동 송강마을 2단지, 송강동 한솔계룡아파트

시기: 2010년 6월 ~ 12월

투자 이유: 산업단지로 인한 꾸준한 임대 수요

당시 대전은 세종시 이전과 국제과학 비즈니스 벨트에 대한 유치 이슈로 뜨겁게 달아올랐다. 2011년 5월 16일 유치전에 뛰어든 대구 경북과 최종 경합에서 대전으로 결정되었다.

투자자들은 과학 벨트 발표에 촉각을 세우고 있었지만 나는 과학 벨트보다 실수요에 초점을 두고 투자에 임했다. 이 지역 역시 산업단지와 인접하고 있어 실수요가 탄탄하고, 3·4공단과 테크노밸리로 출퇴근하는 인구가 많아 안정적인 임대 수요를 보장하는 곳이다.

송강마을 2단지는 복도식으로 당시 매매 가격은 7000만 원 후반에서 8000만 원 초반이었다. 전세는 7000만 원 초반으로 실투자금 1000만 원 내외로 투자가 가능한 지역이었다. 송강마을 2단지도 경매와 공매에 입찰하였으나 패찰하여 일반 매매로 투자를 시작한 곳이었다. 밴딩 투자법으로 당시 7900만 원에서 8200만 원 사이에 매수했다. 실제로 한 채당 매수 금액은 1000만 원 미만이었다.

현재 송강마을 2단지 시세는 1억 1000만 원 선이다. 송강마을 옆에 한솔계룡아파트 복도식 76제곱미터(23평) 물건이 2010년 12월에 급매물로 나오자 아내 명의로 계약하여 크리스마스 선물로 주었다. 부동산에 관심이 없는 아내는 시큰둥했지만 나에겐 좋은 추억이다. 당시 1억 200만 원에 매입하여 9700만 원에 전세를 주었다.

투자 방법은 다양하다. 굳이 한 가지를 고집할 필요는 없다. 경매도 좋고 일반 매매도 좋다. 수익을 낼 수 있으면 된다.

내 집 놔두고
남의 집 세 산 이유

자발적 세입자를 즐겨라

지역: 대전 서구 가수원동 은아아파트 2단지, 5단지

시기: 2010년 7월

투자 이유: 대전 도시철도 2호선 호재, 충청권 광역철도망 호재, 신세계 유니온스퀘어 호재

대전 서구 일대도 다양한 호재로 들썩이고 있었다. 은아아파트 2단지와 5단지 아파트를 각각 7700만 원, 7950만 원에 매수했다. 관저동 원앙마을, 원내동 샘물타운, 진잠타운 등에는 이미 많은 투자자

들이 진입했고, 가수원동은 그나마 투자자들의 발길이 덜한 때였다. 가수원 사거리는 입지에 비해 상당히 저평가되어 있으며 지금도 저렴한 편이다. 향후 대전 도시철도 2호선이 착공되고 가수원역이 들어선다면 재평가받을 만한 지역이고, 주변의 개발 가능성이 높아지고 있었다. 내가 매수한 은아아파트는 투자자가 보유하고 있다가 도안신도시 미분양 아파트를 매수하기 위해 내놓은 물건이었다.

투자 물건 매수 1년 후에 가수원동으로 이사를 오게 되었고, 내소유의 집이 두 채나 있었는데도 보증금 2000만 원에 월 30만 원의 자발적 세입자가 되었다. 불과 4년 전이지만 거주 비용을 절약하기 위한 선택이었다. 내가 살던 아파트는 외부 창에 큰 틈이 있어 겨울이면 세탁기가 얼기 일쑤였고, 복도식이라 소음이 심해서 딸아이가 놀라는 일도 잦았다. 그 당시에는 힘들었지만 지금은 추억이 되었다. 내 선택을 믿고 지지해준 가족에게 그저 고마울 따름이다.

패찰의 교훈 2

경매 대신 매매 투자 사례_크리스마스 선물 II

지역: 대전 동구 용전동 푸른아파트

시기: 2010년 12월

투자 이유: 대전 도시철도 2호선 호재, 대전 복합터미널 호재, 입주 물량 없음

대전 동구 용전동 홈플러스 뒤에 있는 푸른아파트는 298세대의 소형 아파트 단지다. 경매에 입찰했으나 근소한 차이로 2회 연속 패찰했다. 당시 낙찰가는 5800만 원에서 6300만 원 사이였다. 13만

원, 80만 원의 근소한 차이로 연달아 떨어지니 화가 났다.

　용전동 인근 부동산을 방문했을 때 6500~7000만 원 사이의 매물들이 제법 있었다. 매매가를 흥정하여 결국 6300~6500만 원 사이에 전세 임차인을 구하여 잔금을 맞추는 조건으로 투자했다. 그때가 2010년 크리스마스 즈음이었는데, 62제곱미터(19평) 아파트를 몇 채 매수해서 6000만 원대 전세 임차인을 구하거나 대출을 받아 보증금 1000만 원에 월 40만 원의 월세를 받기 시작했다.

　전세 투자의 경우 한 채 투자금이 500만 원 내외였다. 전세 매물이 귀한 지역이라 수리할 필요도 없이 쉽게 임차인을 구할 수 있었다. 매수 후 전셋값이 꾸준히 올랐고, 6개월여 만에 전세가가 매매가를 넘었다. 월세 만기 물건들은 전세로 돌리고, 원금을 회수했다. 숫자 놀이에 불과하지만 수익률을 따져보니 가슴이 벅찼다. 이미 원금을 회수하고, 전세가가 매매가를 추월한 상황이었다. 이때부터 나의 크리스마스 임장과 선물이 시작되었다. 용전동 푸른아파트는 임대수익률이 좋고, 수요자가 많아 월 35~40만 원의 월세를 받을 수 있다.

매매가보다 채무가 더 많은
아파트에 투자를 했다고?

순천 청솔아파트 매매 사례

지역: 전라남도 순천시 해룡면 상삼리

시기: 2013년 8월

투자 이유: 공동 담보를 제공한 물건으로 매수자 제한, 시세 대비
저렴한 가격

    지인의 소개로 알게 된 전라남도 순천의 소형 아파트 투자 사례
다. 임대법인 보유 물건으로 고액의 근저당권으로 인해 매수할 수
있는 수요자가 제한되어 있었고, 이 때문에 시세보다 30퍼센트 이

상 저렴하게 매수할 수 있었다. 당시 인근 신대배후단지의 공급이 이어지고 있어 리스크가 있었지만 풍부한 실수요와 저렴한 가격에 이끌려 투자를 결정했다.

공동 담보로 제공된 물건의 근저당권을 해지하는 데는 복잡한 절차가 필요하다. 우선 채권 은행과 협의해야 하고, 공동 담보 물건 중 내가 매수하고자 하는 물건에 설정되어 있는 근저당권만큼 채무를 상환해야 한다. 이 과정이 번거롭고 까다로운 데다 대출 중도상환에 따른 중도상환 수수료가 발생한다. 공동 투자하는 사람이 있다면 상호 협조도 필수다. 대출을 상환하는 시기 및 소유권을 이전하는 시기를 맞추어 진행해야 하기 때문이다. 해당 물건의 등기부등본을 보고서는 채권 금액에 놀라 투자를 포기한 매수자가 여럿 있었다고 한다. 지인들과 함께 여러 채를 매수하고, 무사히 근저당권을 해지하고 현재 매매가보다 더 높은 가격에 임차인을 구해 전세를 주고 있다.

임대 후 분양 전환 아파트에
투자해보니

지역: 아산시 배방읍 한도아파트

시기: 2011년 3월

투자 이유: 삼성전자의 탄탄한 수요, 인프라 개선 여지 주목

건설 임대 법인에서 건설한 임대아파트를 의무임대 기간 종료 후 일반인에게 분양하는 아파트의 사례다. 일반인에게 분양하기 전에 거주 중인 임차인에게 우선 분양의 권리가 있다. 그래서 임차인 우선 분양이 종료된 물건에 투자했다. 당시 천안, 아산 지역에 많은 투자자들이 몰렸고, 인근에 삼성과 협력업체가 있어 수요가 많은 데 비해 공급이 부족했다. 한도아파트 앞에 부도난 아파트 단지가 있

어 흉물스러웠고, 진입로도 지하도를 통과해야 했기 때문에 불편한 점이 많았다. 들리는 소문에 따르면 부도난 아파트는 곧 매각되어 리모델링 후 분양 절차를 밟을 예정이었고, 진입로를 공사해 도로를 확장할 계획이라고 했다. 한도아파트는 상수도가 없어 지하수를 쓰고 있었고, 지하수로 인해 욕실이 상당히 지저분했다. 지하수를 상수도로 전환하는 공사와 도시가스 공사를 진행할 계획이 있어서 이 또한 가치 상승에 큰 호재가 될 것이라고 생각했다. 56제곱미터(17평)와 85제곱미터(26평)를 분양하고 있었는데 20평대의 상승폭이 훨씬 크다는 것을 그동안의 경험을 통해 잘 알고 있었다. 처음에 분양받은 56제곱미터는 계약자를 변경해서 매수를 포기하고, 85제곱미터 아파트에 주력했다. 남향 위주로 7700~7900만 원 사이에 매수했고, 국민기금대출 3500만 원 정도, 전세가 4000만 원 정도 있어서 실투자금은 수수료를 포함해 500만 원 내외로 가능했다. 그렇지만 마이너스 현금 흐름이 발생하는 투자였다. 한 채당 원리금으로 나가는 비용이 35만 원이었다.

매수 후 6개월에서 1년 후 전세 계약으로 갱신했다. 전세 금액은 8000~8500만 원 선이어서 이 돈으로 국민기금대출을 모두 상환했다. 투자금을 모두 회수했으며, 전세가가 매매가를 넘어섰다.

마이너스 현금 흐름이 발생하는
투자도 있다

지역: 경기도 평택시 포승읍 삼부르네상스, 모아미래도

시기: 2013년 2월~8월

투자 이유: 평택의 대형 호재들, 평택항 교역량 증가, 장기 보유를
통한 수익 극대화

   경기도 평택시에 투자한 사례다. 2012년 말부터 관심을 가졌고,
2013년 초에 공격적으로 투자하기 시작했다. 삼성의 고덕 국제신도
시 투자, LG전자 입주 등 대형 호재가 있었던 평택은 모든 투자자
들이 관심을 갖는 지역이었다. 당시 수도권 투자 시장이 주춤한 틈
을 타서 이 지역을 선점하고 물건을 장기 보유하여 수익을 극대화

하려는 목적으로 투자를 시작했다. 당시의 분위기를 보고 너무 이르다며 다소 회의적으로 말하는 사람들이 많았다. 투자에는 소신과 원칙이 있어야 한다. 지역의 호재가 실현될지 무산될지를 판별하는 능력을 길러 투자하기로 결심하면 실행에 옮기는 대범함이 있어야 한다. 남들과 똑같이 해서는 절대 이길 수 없다.

당시 112제곱미터(34평)는 1억 5000~1억 7000만 원 정도에 매수했고, 85제곱미터(26평)는 1억 3000~1억 4000만 원 선에서 매수를 시작했다. 나와 같은 생각을 하는 투자자들이 없지 않았다. 대구, 경북 지역에서 온 투자자들도 매수를 시작했다. 여러 채를 매수하다 보니 대출 없이 한 채당 3000~4000만 원의 투자 비용을 들여서 수량 늘리기에 집중하기 어려웠다. 그래서 한 채당 투자금이 2000만 원 내외가 될 수 있도록 대출을 활용했다. 매수 후 전세 임차인을 구해 잔금을 치르는 방법이다.

대부분의 전세 투자는 이런 형태로 이루어진다. 대신 대출로 인한 마이너스 현금 흐름이 발생하기 때문에 스스로 감당할 수 있는 범위 내에서 투자해야 한다. 한 채당 원리금 포함 25만 원 정도의 마이너스 현금 흐름이 발생했다. 112제곱미터(34평)는 대출 5000만 원 전세보증금 1억 원에 맞춰 투자를 진행했으며, 85제곱미터(26평)는 대출 4000~4500만 원, 전세 8500~9000만 원 선에서 임차인을 구하는 식으로 투자를 진행했다.

이 지역은 월세 수요도 풍부하다. 은행 금리가 낮아 현금 흐름 투자를 원하는 사람들이 많이 매수했다. 만기가 도래한 물건들은 전세금을 올려서 계약했다. 전세금을 보통 3000~4000만 원 정도 올렸고, 이 돈으로 대출을 상환하여 이자 부담을 줄였다. 현재 시세는 85제곱미터(26평)가 1억 7000만 원 선이고, 112제곱미터(34평)는 2억 1000만 원 선이다. 평택의 미래를 긍정적으로 보기 때문에 112제곱미터는 일부 정리하고 85제곱미터는 월세로 전환하여 보유할 생각이다.

5장

부동산 중개인은
투자자에게
적인가, 동지인가

부동산 중개인, 그들은 누구 편일까?

중개인의 목적은 거래 성사다

부동산 중개인, 그들은 누구이며 어떻게 대해야 하는가. 초보에게는 어렵기만 한 문제다. 중개인은 다양한 직종의 많은 손님을 만난다. 경력이 있는 분들은 몇 마디 대화만으로도 손님의 성향을 파악할 수 있다.

"노름판에서 30분이 지났는데도 누가 호구인지 모른다면 내가 호구다"라는 말이 있다.

중개인은 거래 성사를 목적으로 전략적으로 움직인다.

그들의 움직임 하나하나가 바로 거래와 연결되어 있음을 늘 명심해야 한다. 그들은 시장의 흐름에 따라 어느 편에 서야 할지 잘 알고 있다.

부동산 상승기에는 매도자 우위의 장이 연출된다. 이때 중개인은 매도자 입장에서 물건의 가격을 흥정하고 조율한다. 반대로 하락기에는 매수자 편에서 거래를 추진하는 경우가 많다. 어떤 중개인은 초보 투자자를 상대할 때 '나만 믿어라', '당신한테만 주는 물건이다', '나한테 맡겨라, 잘 처리해주겠다' 등의 달콤한 말을 나열한다. 그런데 이런 사람치고 믿을 만한 사람은 별로 없다. 만약 처음 보는 나에게 과도한 친절을 베푼다면 의심해봐야 한다.

'말 바꾸기'의 달인도 너무나 많다. 투자자의 요구 사항을 다 들어줄 것처럼 하다가 막상 매도자에게는 전혀 다른 이야기를 하기도 한다. 말로만 하는 약속은 아무 소용이 없다는 것을 잊지 말자. 필요한 경우 문서로 작성하는 것이 좋다.

중개인의 목적과 투자자의 목적은 다르다. 중개인은 자신의 목적인 거래를 성사시키기 위해 노력하며, 투자자는 싸고 좋은 물건을 찾으려 한다. 서로 다른 목적을 위해 노력하다 보니 의견이 충돌하기도 한다. 의견이 충돌할 때는 언성을 높이면서 일을 망치기보다는 자신의 목적을 되새기고 이성적으로 행동해야 한다. 나의 목적은 싸고 좋은 물건을 계약하는 것이지 중개인과 싸워 이기는 것이 아님을 꼭 새겨야 한다. 경험이 적으면 감정에 휘말려 일을 그르치거나 중개인에게 휘둘릴 수 있음을 잊지 말자.

부동산을 동네 슈퍼처럼 방문하기

부동산 투자를 결심했다면 가장 먼저 부동산 중개인과 친해져야한다. 부동산 중개소를 동네 슈퍼 드나들듯이 자주 방문하면 더욱좋다. 초보자는 더더욱 그렇다. 대부분의 거래가 부동산 중개소에서 이루어지고, 투자 정보도 부동산 중개소에서 얻을 수 있기 때문이다.

부동산 경기 침체로 많은 부동산 중개소들이 문을 닫았다는 뉴스가 종종 나온다. 하지만 부동산 중개소는 주변에서 쉽게 찾을 수 있다. 아파트 단지 주변에는 부동산 중개소 대여섯 곳이 나란히 영업을 하는 경우도 많다. 역 부근, 대학가 등에서도 부동산 중개소는 쉽게 눈에 띈다.

그런데 이렇게 많은 부동산 중개소 가운데 어느 곳에 들어가야좋은 물건을 찾을 수 있을까? 어디에 가야 나에게 정말 필요한 정보를 알려줄까?

동네 부동산 중개소 문을 열고 들어가 보라. 베테랑 중개인은 손님의 투자 가능 금액별 물건 리스트를 잘 정리해놓고 보여주곤 한다.

그런데 가끔 손님이 들어오건 말건 신경 쓰지 않고 자기 할 일만 하거나, 다른 사람과 수다를 떨면서 잠시 기다리라고 하거나, 책상 위에 자료들이 어지럽게 널려 있는 곳이 있다. 그런 곳은 다시 가지 않는 것이 좋다. 손님의 수요나 취향 등은 전혀 고려하지 않고, 가격이 맞으면 거래를 성사시키고 중개수수료나 챙기며 안일하게 영업하는 곳일 확률이 높다. 부동산 중개소는 여러 곳을 다녀보고 자주 방문해봐야 그곳의 장점과 단점을 파악할 수 있다. 인근에서 물건을 가장 많이 가지고 있고, 거래 성사율이 높은 곳이 있다. 거래 성사율이 높다는 것은 매도자에게는 물건의 가치를 알아봐주고 좋은 가격을 제시하며, 매수자에게는 원하는 물건을 잘 파악해서 가격 협상에도 적극적으로 나서준다는 의미다.

그런 부동산 중개소에는 좋은 물건이 많다. 투자자나 임차인이 발품을 판 만큼 좋은 물건을 찾을 확률이 높은 것은 이 때문이다.

안 하면 어떻게 할 건데

처음에는 누구나 똑같다. 왜 그렇게 문을 열고 들어가기가 쑥스러운지, 지금 생각해보면 웃음이 절로 나온다. '무슨 말부터 하지?

돈도 없는데, 물건 사라고 하면 어떻게 하지? 물건만 보고 나오기 미안한데 어떻게 할까?' 등등 오만가지 쓸데없는 걱정 때문에 서성이다가 그냥 돌아선 적도 있다. 그러고는 늘 후회하고 자책했다.

그때 나를 일깨운 말은 '안 하면 어떻게 할 건데!'였다.
당시 나에게는 대안이 없었다.

임장을 하다 보면 부동산 중개소도 방문하고, 동네 슈퍼, 세탁소, 편의점 등 안 가는 곳이 없다. 웃으면서 나를 반겨주는 사람은 없다. 그래도 가야 한다. 열심히 다니다 보면 무감각해지는 날이 분명히 온다.

첫 투자를 경험해본 사람들이 한결같이 하는 말이 있다. '생각보다 쉬운데?', '한번 부딪쳐보니까 해볼 만한 것 같아'라는 말이다.
두려움을 극복하는 방법은 부딪치고 경험을 쌓는 것밖에 없다. 투자자의 가장 큰 적은 막연한 두려움이다.

용감하게 도전하는 자가 수익을 얻을 수 있다. 사람들은 저 멀리 보이는 호랑이를 두려워한다. 용기를 내어 가까이 다가가 보면 멀리에서는 무섭게만 보이던 호랑이가 실은 종이 호랑이인 경우가 대부분이다. 부동산 중개소 문을 열기가 두려운가? 그렇다면 이 말을 되뇌어보기 바란다.

"안 하면 어떻게 할 건데!"

대안이 없다면 움직여야 한다. 첫 방문이 어렵다면 이성을 공략하는 방법도 좋다. 연애를 하라는 이야기가 아니다. 남성은 인상 좋고 친절해 보이는 여성 중개인을 찾아보고, 여성은 매너 좋고 신사적인 남성 중개인을 찾아가면 이야기하기가 훨씬 수월하다.

내가 처음에 그랬다. 특히 빌라나 아파트 중개는 여성 중개인이 많이 한다. 그동안 50~60대 아주머니 중개인들의 도움을 많이 받았다. 처음 투자를 시작해서 부동산 중개소를 돌아다닐 때 "젊은 사람이 참 열심히 산다"며 격려하고 여러모로 도와주신 분들과는 지금도 연락을 하며 지낸다. 지금이야 성별에 상관없이 좋은 물건을 싸게 중개해주는 분이 제일 좋지만, 시작할 때는 나름 괜찮은 방법이었다.

여름에는 아이스크림, 겨울에는 붕어빵 등 간식을 사들고 가면 분위기가 한결 부드러워진다. 대부분의 중개인들은 손님이 오면 대접을 하는 입장이다. 차를 주기도 하고, 음료수를 주기도 한다. 간식을 사들고 가는 손님은 더 많은 정보를 우호적인 분위기에서 얻을 수 있다.

3척동자는 집에 두고 가라

잘난 척, 있는 척, 아는 척. 이런 3척동자를 반기는 곳은 어디에도 없다. 부동산 중개소에 갈 때 3척동자는 집에 두고 가는 게 좋다. 하루 종일 사람을 상대하고, 물건을 소개하고 계약하는 것이 중개인의 일이다. 투자자가 많이 알아도 해당 지역의 정보를 중개인만큼 잘 알 수 있을까? 절대 아니다. 물론 모든 중개인이 넓은 시야를 가지고 중개를 하는 것은 아니다. 하지만 그 지역에서만큼은 최고의 전문가임을 인정해야 한다. 영업을 오래했고, 투자를 병행하는 중개인이라면 두말할 필요도 없다. 모든 중개인이 투자를 하는 것은 아니다. 중개만 집중하는 경우가 더 많다. 투자자는 중개와 투자를 병행하는 중개인과 일을 하는 것이 좋다. 나는 주로 투자를 잘 알고 자신도 직접 투자를 하는 부동산 중개인들과 일을 하는 편이다.

현장을 다니다 보면 아는 척하는 사람이 꽤 많다. 이런 사람은 결국 좋은 물건을 놓치고, 중요한 정보도 얻지 못한다. 의외로 이런 부류가 많다. 자신의 영웅담과 모험담을 한 보따리 풀고 가는 푼수들도 많다. 중개인과 대화할 때는 서로 공감하는 부분이 있어야 한다. 공감 능력이 뛰어난 사람이 투자를 잘한다. 대화할 때는 첫째 겸손하고, 둘째 경청하고, 셋째 공감하고, 넷째 칭찬해야 한다. 이는 비단 투자뿐만 아니라 모든 인간관계에서 갖추어야 할 자세다.

누차 말하지만 해당 지역의 중개인은 그 지역에서 최고의 전문가다. 그 동네 물건을 가장 잘 안다. 임장을 갔으면 모든 정보를 듣고 와야 한다. 겸손하고 진심 어린 태도로 "아, 그렇군요", "네, 맞네요", "사장님 정말 잘 아시네요. 제가 많이 배웁니다" 등의 말을 아끼지 말아야 한다. 그래야 투자에 도움이 되는 좋은 정보를 얻을 수 있다.

솔직하게 말할까? 숨길까?

부동산 중개소를 방문할 때 처음부터 투자자라고 솔직하게 말할 것인가? 아니면 실수요자처럼 접근해서 임장을 할 것인가? 매번 고민이 되는 문제다. 나는 두 가지 방법을 다 써봤다. 많이 해보니 이제는 어떤 방법이 잘 통하는지 알게 되었다. 내 경우는 솔직하게 '투자를 하고 싶다'는 말을 먼저 꺼내는 게 더 편하고 수월했다. 거짓말도 자꾸 하다 보면 앞뒤가 맞지 않아 금방 들통이 난다는 것을 알았기 때문이다. 연기를 잘할 자신이 있는 사람이라면 실수요자처럼 시도해보는 것도 한 방법이다. 다만 자신에게 잘 맞는 방법이 있으니 장점과 단점을 비교해보고 자신이 편한 방법을 쓰면 된다.

중개인이 투자를 겸하는 경우에는 나처럼 바로 "투자를 하려고 합니다"라고 말을 꺼내면 이야기가 훨씬 빨리 통한다. 투자 과정을 여러 번 겪어봤기에 주변 이야기는 생략하고 핵심만 간결하게 이야기할 수 있다. 호재, 악재, 리스크, 임대 그리고 현재 상황에 대해서 이야기를 나눈다. 해당 지역에 이런 호재들이 있고, 호재가 실현될 가능성에 대한 이야기를 한다. 호재가 발표되었다고 하더라도 사업으로 연결되지 못하는 경우가 많기 때문이다. 개발 호재는 중간에 취소되거나 흐지부지되는 경우가 허다하다. 임대가 잘되는지, 공급은 얼마나 되는지 이야기를 나누다 보면 투자 결정에 대한 윤곽이 드러난다. 가장 중요한 가격 흥정도 편하게 진행할 수 있다. 정확한 시세를 파악하고 자신의 매수 커트라인을 정해놓으면 된다.

"매매가 1억 2000만 원 이하로 나오는 매물이 있으면 제가 매수할 생각이 있습니다. 임차인 구해서 잔금 치르고요. 집은 사장님이 봐주시고, 전세는 1억 원까지 맞춰주시는 조건입니다."

이런 조건을 제시하면 수락하는 중개인이 많다. 조건이 명확하고 일처리가 쉽기 때문이다. 중개인들이 초보와 일하기 힘들어 하는 이유는 하나하나 다 설명해야 하기 때문이다. 여러분도 입장 바꿔놓고 생각해보면 이해하기 쉬울 것이다. 똑같은 수수료를 받는데, 한 사람은 한두 마디면 다 알아듣는데, 다른 사람은 하나부터 열까지 일일이 설명해야 한다면 누구와 거래하고 싶겠는가? 중개인 입장에서 봐도 투자자가 더 반가운 손님이다.

하지만 처음부터 투자자라는 것을 밝히고 시작하면 가격 흥정을 할 때는 그리 녹록하지 않을 수도 있다. 투자한다는 사람이 가격을 자꾸 깎으려 한다고 볼멘소리를 하기도 한다. 다만 사연이 있는 물건인 경우에는 협상을 하는 데 더 편한 점도 있다.

초보 투자자로서 단 1원이라도 싸게 사고 더 많은 정보를 얻고 싶다면 실수요자로 접근하는 편이 좋다. 부부가 함께 가는 것도 좋고, 아이들과 동행할 수도 있다. 실수요자로 접근하는 경우 가격 흥정을 자연스럽게 할 수 있다는 것이 장점이다. 부부가 함께 가거나 아이들을 데리고 가면 도배 비용이나 이사 비용 정도는 쉽게 요구할 수 있다. 투자자라면 핀잔 받기 일쑤인 50~100만 원의 가격 흥정이 비교적 쉽다.

"사장님, 돈이 없어서 그러는데 이사비 정도만 깎아주시면 안 될까요? 아이들이 있어서 도배 장판 정도는 새로 했으면 하는데 가격을 조금만 낮춰주세요."

그러면 중개인이 좀 더 적극적으로 매도자를 설득할 가능성이 높다.

부동산 거래,
믿었다가 발등 찍힌 사례들

중개인이 매수자의 요구를 묵살한 사례

2014년 1월 대전에서 소형 아파트를 매수했는데 사정이 생겨 계약자 명의를 변경해야 하는 상황이었다. 처음부터 명의 변경에 대한 이야기를 하지 않아서 조심스러웠지만, 어쩔 수 없이 매수한 부동산 중개소에 전화를 했다. 그때 매수한 물건은 공동 중개 매물이었다.

필자: 사정이 생겨서 계약자 명의를 변경해야 하는데, 사장님이 좀 도와주셨으면 합니다.

중개인: 매물을 가진 부동산에 전화해볼게요. 쉽지 않을 거 같지만 노력은 해볼게요.

필자: 예, 고맙습니다. 번거롭게 해서 죄송합니다.

내 목적은 명의 변경이었다. 중개인을 주눅 들게 하거나, 기세에서 우위를 점하고자 함이 아니었다. 그래서 최대한 공손하고 나긋나긋하게 말씀드렸다.

잠시 후 중개인에게서 전화가 왔다.

중개인: 어렵겠어요. 매도자가 비협조적이라 제가 할 수 있는 부분이 없네요. 매물을 가진 중개인이 난색을 표해서요. 이러다가 계약이 취소될 수 있으니 그냥 진행하세요!

필자: 어려운 일이니까 사장님께 부탁드리는 겁니다. 제가 사정이 생겨 명의를 변경해야 하는데, 한 번만 더 부탁드릴게요. 사장님.

중개인: 네, 다시 얘기해볼게요. 장담은 못해요. 매물을 가진 중개인이 협조를 안 해주면 저도 방법이 없어요. 제가 매도자와 직접 통화하는 건 상도에 어긋나는 부분이라…….

필자: (화가 났지만 참으며) 네, 그럼요. 사장님 입장 충분히 이해하죠. 말씀 전해주세요. 기다리겠습니다.

잠시 후 전화가 왔다.

중개인: 계약 취소할 것 같습니다. 더 이상 얘기하지 말라고 하는데요. 싸게 판 것도 화나는데 자꾸 이러면 계약을 파기한다고 했다는군요.

필자: 네, 사장님 고생하셨습니다. 매도자가 그렇게 말하던가요?

중개인: 예, 매도 쪽 부동산에서 매도자와 통화해서 확인한 내용을 전달해드리는 거예요.

필자: 그럼 제가 매도자와 직접 통화해서 부탁해보겠습니다.

나는 어떻게 이야기를 이끌어갈지 시뮬레이션을 해보고 나서 매도자에게 전화를 했다.

필자: ○○○사장님이시죠? 저 ○○호 계약자입니다.

매도자: 아, 네, 말씀하세요.

필자: 제가 사정이 생겨서 계약자 명의 변경을 해야 하는데 협조를 구하고자 연락드렸습니다.

매도자: (쿨하게) 그러세요! 도장 하나 찍으면 되는 건데요. 그렇게 하세요!

필자: 아, 네, 감사합니다. 잔금 날 뵙겠습니다.

잠시 생각에 잠겼다. 누군가 거짓말을 한 것이다. 내 쪽 중개인일까, 아니면 매도 쪽 중개인일까? 재빨리 머리를 굴려보고 결론을 내렸다. 내 쪽 중개인은 여러 번 거래를 해봐서 절대 거짓말을 할 분이 아니라는 것을 잘 알고 있었다. 매도 쪽 중개인이 일이 귀찮아지니 중간에서 자른 것이다. 매도자에게 의사를 묻지도 않고, 자기 멋대로 행동한 것이다. 사태를 파악하니 화가 났다.

> 필자: 사장님, 매도자는 쿨하게 오케이하셨는데, 전 이 상황을 어떻게 받아들여야 할까요?
>
> 중개인: (당황한 기색이 역력하다) 아 그래요? 그럴 리가 없는데, 제가 다시 확인해볼게요.
>
> 필자: 아닙니다. 매도 쪽 중개인 전화번호 주시죠. 제가 직접 전화하겠습니다.
>
> 중개인: 저 그게, 제가 하고 알려드릴게요.
>
> 필자: 전화번호 주세요. 제가 처리할게요.
>
> 중개인: ○○○-○○○○-○○○○입니다. 분명히 매도자가 안 된다고 했다고 들었거든요.
>
> 필자: 다시 연락드리죠.

분명 매도 쪽 중개인이 장난을 친 것이었다. 계약만 하면 뒷처리는 우습게 생각하는 중개인이 종종 있다. 매도 쪽 중개인에게 전화를 했다.

필자: ○○호 매수자입니다. 문제가 있어 직접 전화 드렸습니다.

매도 중개인: 네, 무슨 문제지요?

필자: 사정이 생겨 계약자를 변경하고 싶다고 말씀드렸는데, 어렵다고 하셨다면서요?

매도 중개인: 그건 매도자가 명의 변경 어렵다고 해서…… 자꾸 그러면 취소, 어쩌고저쩌고…….

중개인이 핑계를 늘어놓으며 거짓말을 한 보따리 펼친다.

필자: 아, 그래요? 제가 매도자와 직접 통화했고요. 흔쾌히 변경해주시기로 했습니다. 왜 중간에서 자르셨어요? 매도자에게 물어보지도 않고, 중개를 이렇게 하십니까? 우리 쪽 중개인은 매도인 얼굴도 못 봤는데, 누구 맘대로 도장 찍고 중개하신 겁니까? 제가 지금 갈 테니 매도자 위임장 좀 보여주시죠!

매도 중개인: 그게 저희 소장님이 어쩌고저쩌고…….

필자: (딱 걸렸다. 중개인이 아니라 실장이었던 거다) 지금 전화 받으신 분은 실장입니까? 공인중개사입니까?

매도 중개인: 실장인데요. 저희 소장님은 ○○에 가셔서 안 계십니다.

필자: 그럼 무자격자가 중개를 하고 있는 건가요? 그것도 거짓 중개 행위를? 무자격자의 중개 행위는 행정 처분 대상인 거 모르십니까? 왜 매도자에게 묻지도 않고, 마음대로 전달하신 건가요? 일을 그렇

게 처리해도 되는 겁니까?

매도 중개인: 죄송합니다.

사과를 받고, 명의 변경을 잘 처리하겠다는 약속을 받은 것으로 일을 마무리했다. 극단적인 예이긴 하지만, 실무에서 종종 벌어지는 일이다. 중개인은 계약만 하면 수수료를 받는다는 생각을 하기 때문에 잔금 시까지 신경을 안 써주는 경우가 간혹 있다. 계약을 할 때 어떤 중개인을 만나느냐는 매우 중요하다. 일처리가 부담스럽거나 번거롭다는 이유로 중개인이 알아서 거절하는 경우를 자주 접한다. 중개인 덕분에 계약이 원활하게 진행되기는 하지만 그렇지 못할 경우에는 직접 매도자와 연락을 취해서 빠르게 해결해야 한다.

이것만은 꼭! 꼭!

공동 중개 물건

한 개의 물건을 가지고 두 곳 이상의 부동산이 함께 계약서를 작성하는 것이다. A부동산이 물건을 가지고 있는데 손님이 B부동산을 통해 물건을 소개받는 형태의 중개다. 공동 중개 물건은 두 부동산을 상대해야 하기 때문에 가격 조정이 어렵다. 양타 물건은 이것과 상대적인 개념이다.

원거리 임대인의 물건을 대신 관리해주며 횡령한 중개인

대다수의 부동산 중개인이 선량하고 열심히 일을 한다. 하지만 일부 중개인의 몰상식한 행태 때문에 좋은 분들이 욕을 먹기도 한다. 다음은 악덕 중개인의 사기 행각으로 원거리에 거주하는 투자자들이 피해를 본 사례다. 원거리 투자를 하는 경우 더욱 신경을 써야 한다.

집주인 '나주인'은 서울에 살고 있다. 그는 지인의 권유로 노후 대비용으로 지방에 있는 다가구주택 한 채를 매입했다. 관리를 현지 중개인인 '왕사기'에게 맡겨두었다. 왕사기는 나씨뿐만 아니라 다른 지역에 거주하는 투자자들의 다가구주택과 아파트 수십 채를 맡아서 관리하고 있었다. 나씨는 그동안 전세를 놓았던 집 401호를 만기에 맞춰 월세로 전환하기 위해 왕사기한테 전화를 했다.

나주인: 왕 사장님이시죠? 안녕하세요. ○○빌라 401호 나주인입니다.

왕사기: 예, 사장님 잘 지내시죠? 전세 만기 때문에 전화하셨지요?

나주인: 잘 알고 계시네요. 그 물건 월세로 돌리려고 합니다. 요즘 월세는 얼마나 받을 수 있죠?

왕사기: 보증금 500만 원에 월 30만 원 가능합니다.

나주인: 예, 그럼 부탁드립니다.

왕사기: 예, 알겠습니다. 제가 알아서 잘 처리해드리겠습니다.

전화를 끊고 며칠 지나지 않아 나주인은 곧 월세 임차인을 구할 수 있었다. 월세는 꼬박꼬박 들어왔다. 나주인은 다른 전세 물건들도 모두 월세로 전환하여 매달 들어오는 월세 수입이 200만 원이 넘었다. 그는 행복한 나날을 보내고 있었다. 더구나 임차인들의 자잘한 클레임도 왕사기 사장이 알아서 해주니 골치 아픈 일도 없었다. 나주인은 왕사기 사장을 철석같이 믿고 있었다.

그러던 어느 날 401호 임차인 박임차로부터 전화가 걸려왔다.

박임차: 안녕하세요? 401호에 사는 박임차입니다.

나주인: 네, 안녕하세요? 무슨 일로 전화를 하셨나요?

박임차: 계약 기간이 만료되어 이사를 가려고요. 전세보증금 3000만 원을 계약 만기일에 맞춰 돌려주셨으면 합니다. 이사 갈 집을 계약해놔서요.

나주인: 전세보증금 3000만 원이요? 401호면 월세를 받고 있는데, 잘못 알고 계신 거 아닌가요? 매달 30만 원씩 잘 받고 있는데 전세라니요? 다시 확인해보세요.

박임차: 사장님이 오해하신 모양이네요. 관리할 세대가 많다 보니 그러실 수도 있죠. 확인해보세요. 전세 3000만 원에 계약했습니다. 지

금 계약서를 보고 있어요.

나주인: 그럼 제가 왕사기 사장과 통화해보고 다시 연락드리겠습니다.

박임차: 예, 잘 확인해보세요. 그리고 만기일에 맞춰 보증금 반환 부탁드립니다.

나주인은 황당하기 짝이 없었다. 401호 임차인이 잘못 알고 있는 게 틀림없다고 생각하며 계약서를 찾아보니 역시 월세였다. 즉시 왕사기에게 전화를 걸었다. 연결이 되지 않았다. 몇 번이고 전화를 걸어도 받지 않았다. 마음이 급해진 나주인은 직접 대구에 내려갔다.

도착해서 보니 왕사기의 사무실은 문이 굳게 닫혀 있었다. 인근 부동산 중개소에 들러 사실을 알게 된 나주인은 그 자리에 주저앉고 말았다.

사실은 이랬다. 왕사기는 인근 다가구주택 10여 채와 아파트 30여 채를 대신 관리해주면서, 월세 물건을 전세로 놓고서는 이를 숨기기 위해 월세를 꼬박꼬박 송금해주고, 전세보증금을 가로챈 것이었다. 왕사기는 그 돈으로 상가 건물에 투자했다가 큰 손해를 보고 잠적한 상태였다. 사기를 당한 사람은 나주인만이 아니었다. 타지역 투자자 20여 명이 피해를 입었으며, 피해액이 자그마치 20억 원에 달했다. 나주인도 피해 금액이 1억 5000만 원이나 되었다.

나주인은 왕사기를 상대로 소송을 준비하고 있지만 왕사기는 모든 재산을 아내 앞으로 이전하고, 이혼한 상태였다. 송사를 진행해봐야 승산이 없다는 변호사의 이야기를 듣고 또 한 번 좌절했다.

이런 일이 남의 일처럼 느껴질 수도 있다. 하지만 사기꾼은 생각보다 가까운 곳에 있다. 원거리 물건을 관리할 때는 계약금을 받고 반드시 임차인과 통화를 하는 습관을 들여야 한다. 또한 임차인 계약 만기 시에는 관리비와 공과금 납부 여부를 반드시 확인하고 보증금을 반환해야 한다.

임대인이 계약금만 받고 도주한 사례

전세 물건이 귀한 광역시의 한 아파트 단지에서 있었던 일이다. 임대인 송도주는 자신이 거주하고 있는 82제곱미터(25평) 아파트를 전세로 돌리기 위해 주변의 부동산 중개소에 내놓았다.

송도주: 안녕하세요? 아파트를 전세 놓으려고 합니다.

A중개인: 예, 앉으시죠. 몇 동 몇 호인가요?

송도주: ○○동 ××호입니다.

A중개인: 요즘 전세가 귀해서 최고가에 놓을 수 있습니다. 제가 금방 찾아드릴 테니 저희한테만 물건을 주시면 어떨까요? 중개수수료는

저렴하게 해드릴게요.

송도주: 그럼 저야 좋죠. 사람들이 집 보러 오는 것도 피곤하고, 수수료도 싸게 해주신다니 사장님만 믿고 가겠습니다. 집 보러 오기 전에 전화 주시고요. 이사 날짜는 언제라도 맞출 수 있습니다. 그리고 계약금은 좀 넉넉히 받았으면 좋겠네요.

송도주가 가고 난 후 A사장은 ○○동 ××호의 등기부등본을 출력해보았다. 근저당권이 70퍼센트이긴 하지만 잔금 지불 전 해지 조건으로 하면 될 거라 생각하고 대수롭지 않게 넘겼다.

한편 송도주는 A부동산과 조금 떨어진 B부동산에 들렀다. B부동산 역시 전세 물건이 귀한지라 공유하지 않고 혼자만 중개하게 해달라며 중개수수료를 안 받겠다고 했다. 송도주로서는 나쁠 것이 없었다. 송도주는 같은 방법으로 여러 곳의 부동산에 전세 매물을 내놓았다. 매물이 귀한 지역이라 집을 보러 오는 사람이 많았고 곧바로 계약하자는 전화가 걸려왔다.

A중개인: 안녕하세요? A부동산입니다.

송도주: 예, 안녕하세요? 무슨 일이시죠?

A중개인: 집을 보고 간 사람이 마음에 든다고 계약서를 지금 작성했으면 하네요. 물건이 워낙 귀하다 보니 사장님이 말씀하신 계약금 2500만 원 준비하겠답니다.

송도주: 예, 지금 계약하러 가겠습니다.

A중개인: 예, 도장하고 신분증 챙겨오세요. 잠시 후에 뵙겠습니다.

잠시 후 송도주는 A부동산에서 계약서를 작성한다.

A중개인: 송사장님 근저당권은 잔금 전에 말소한다는 조건을 특약 사항에 넣겠습니다.

송도주: 예, 그렇게 해드려야죠.

임차인: 지금 계약금 2500만 원 이체했습니다.

A중개인: 송 사장님 확인해보시죠.

송도주: 예, 입금됐네요. 그럼 잔금 날 뵙죠.

모두 인사를 하고 자리에서 일어났다.

송도주는 며칠 간격으로 B, C······ 등 여러 곳의 부동산에서 같은 방식으로 계약을 했다. 송도주가 받은 계약금을 모두 합하면 매매 가격을 넘었다. 잔금 날이 가까워지면서 부동산 중개소 사장들은 송도주에게 전화를 걸어 잔금 일정을 확인하려고 했다. 하지만 송 도주의 전화기는 꺼져 있었다. 잔금 날에도 송도주는 나타나지 않았다. 일곱 군데 부동산에서 계약금을 챙긴 송도주는 끝내 연락이 되지 않았다. 부동산 중개소를 철석같이 믿고 있던 임차인들은 계약금을 날리고 이사를 못해 위약금까지 물어내야 하는 곤란을 겪고 있고, 중개인들도 임차인들과의 송사에 시달리고 있는 상황이다.

물건이 귀한 지역은 중개인들끼리 물건을 공유하는 일이 거의 없다. 임차인 또한 급한 마음에 임대인의 요구대로 계약서를 작성하고 계약금을 과다하게 많이 지불해서 피해 규모를 키우고 말았다. 이와 비슷한 방법으로 매도인이 매수인들의 계약금을 사기 친 경우를 간혹 볼 수 있다. 물건이 귀한 지역이나 근저당이 높은 경우에는 더욱 주의해야 한다.

돌려막기 하는 중개인

경기도에서 부동산 중개소를 운영하고 있는 막돌려 씨는 나와 여러 번 거래를 한 사람이다.

어느 날 갑자기 전화가 걸려 왔다.

막돌려: 사장님, 안녕하세요? 막돌려입니다.

필자: 네, 잘 지내셨어요? 무슨 일이세요?

막돌려: 사장님께 어려운 부탁을 하나 드리려고 합니다.

필자: 돈 빌려달라는 거 빼고, 말씀해보세요.

막돌려: 사실은 잔금을 하나 맞춰야 할 일이 있는데, 매수인이 잔금

을 못 맞춰서 돈을 3일 정도만 융통해주실 수 있을까 해서요. 어려운 부탁 드려 죄송합니다.

필자: 돈 거래는 불편한데요. 아니 얼마나 급하길래 저한테까지 전화를 하셨나요?

막돌려: 거래가 깨질 것 같아 급하게 전화 드렸습니다. 죄송합니다.

필자: 죄송하지만 그건 좀 어렵겠습니다.

막돌려: 예, 사장님 무리한 부탁을 드려 죄송합니다.

이렇게 전화를 끊었는데 몇 시간 후에 다시 전화가 왔다.

막돌려: 사장님 정말 죄송한데요. 3일 후에 이자 합해서 돌려드릴게요. 부탁드립니다. 1300만 원이 부족해서요.

필자: 반드시 약속 지키셔야 합니다. 저도 며칠 후에 잔금을 치러야 하거든요.

막돌려: 예, 꼭 약속 지키겠습니다. 고맙습니다.

나는 바로 이체를 한 후 차용증을 팩스로 받았다. 그동안 임대차 계약을 깔끔하게 처리해주었고, 관리를 도와주고 있어서 믿고 빌려주었다. 그런데 약속한 3일이 지나고 일주일이 지나고 열흘이 지났다. 나는 언성을 높였고, 결국 2주가 지나서 겨우 원금을 돌려받았다. 나중에 내막을 알고 보니 막돌려 사장은 잔금 계획이 잘 맞지 않으면 임대인들의 돈을 빌려 막아주고 계약을 성사시키는 일을 자주 한다고 했다. 마치 카드 돌려막기를 하듯 계약을 성사시키고 다른 투자자들의 돈을 빌려서 자신이 투자하기도 하고, 잔금을 처리하는 방식이었다.

6장

세금, 수수료,
거래 비용 줄이는
방법

알아두기만 해도
도움되는 세금 지식

취득세

　부동산 취득세는 자산의 취득에 대하여 그 취득자에게 부과한다
(지방세법 제7조). 취득세는 차량, 항공기, 선박, 입목 등 다양한 자산
의 취득 시에 부과되는 것이다. 취득세는 지자체의 세원으로 활용
되는 지방세이기도 하다. 투자 자금 계획을 세울 때 취득세를 꼭 계
산에 넣어두어야 한다.

<표 6> 주택 취득 시 세율

실거래가	규모	취득세	농어촌특별세	지방교육세	합계세율
6억 원 이하	85m² 이하	1%	비과세	0.1%	1.1%
	85m² 초과		0.2%	0.1%	1.3%
6억 원 초과~9억 원 이하	85m² 이하	2%	비과세	0.2%	2.2%
	85m² 초과		0.2%	0.2%	2.4%
9억 원 초과	85m² 이하	3%	비과세	0.3%	3.3%
	85m² 초과		0.2%	0.3%	3.5%

출처: 지방세법

<표 7> 주택의 종합부동산세 세율

*과세표준: (보유주택의 공시 가격 – 과세기준 금액)×80%

과세표준	세율
6억 원 이하	0.5%
6억 원 초과~12억 원 이하	0.75%
12억 원 초과~50억 원 이하	1%
50억 원 초과~94억 원 이하	1.5%
94억 원 초과	2%

자료: 국세청

예를 들어 3억 원짜리 79제곱미터(24평) 아파트를 살 때 발생하는 취득세는 300만 원(취득세)+30만 원(지방교육세)=330만 원이다. 취득세는 매도 시 양도 차익에서 필요비 공제를 받을 수 있는 항목이므로 영수증을 잘 보관해두어야 한다. 일반적으로 소유권 이전

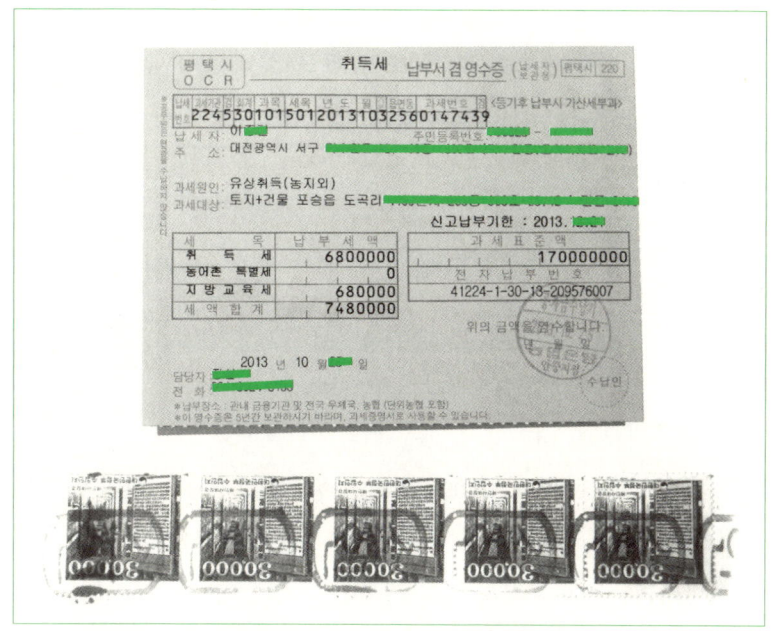

<그림 27> 등기권리증 취득세 영수증 사진

등기 시에 납부하는 세금으로 소유권 이전이 끝나면 등기권리증(흔히 집문서라 부르는 권리증서)에 붙어 있다.

일시적으로 취득세 분할납부 제도가 있었다. 2011년 1월 1일부터 2013년 12월 31일까지 개인이 주택(주거용 건축물과 그 부속 토지를 말함)을 취득하고 취득일부터 30일 이내에 등기 또는 등록을 하는 경우에는 납부할 취득세의 일부를 취득일부터 60일 이내에 분할 납부할 수 있도록 도입한 제도였다(지방세법 제20조의 2). 하지만 지

기재 금액	세액
1000만 원 초과~3000만 원 이하	2만 원
3000만 원 초과~5000만 원 이하	4만 원
5000만 원 초과~1억 원 이하	7만 원
1억 원 초과~10억 원 이하	15만 원
10억 원 초과	35만 원

금은 종료되었다. 취득세 외에도 취득 시 납부할 세금으로 금액별 인지세가 있다. 취득가액 1000만 원 이상부터 2~35만 원의 인지세가 부과된다. 단, 주택의 경우 매매 가액이 1억 원 미만일 때는 비과세다. 인지세 부과 기준은 〈표 8〉과 같다.

재산세

재산세는 일정 재산에 대하여 부과되는 세금으로 시·군세이며 재산의 소재지를 기준으로 부과된다. 재산세는 공부(관청이나 관공서에서 법규에 따라 작성·비치하는 장부)에 따라 부과되며, 재산세 과세 기준일 6월 1일 현재 소유권을 가지고 있는 자는 재산세를 납부할 의무가 있다.

〈그림 28〉 위택스

재산세 납부 기간

재산세 납부 기간은 재산 종류에 따라 다르다. 주택의 경우 산출 세액의 2분의 1은 매년 7월 16일부터 7월 31일까지이고, 나머지 2분의 1은 9월 16일부터 9월 30일까지 납부해야 한다. 주택분 재산세의 산출 세액이 10만 원 이하일 경우에는 7월에 일괄 고지한다.

재산세는 공인인증서를 사용하여 위택스에서 일괄 납부할 수 있다.

재산세 부과 기준

❶ 납부 대상: 매년 6월 1일 현재 재산을 소유하고 있는 사람

❷ 과세 대상: 토지, 건축물, 주택, 선박, 항공기

❸ 과세표준

- 주택(부속 토지 포함): 주택공시가×60퍼센트

- 주택 외 건축물: 시가 표준액×70퍼센트

- 주택 외 건축물의 부속 토지, 나대지 등: 공시지가×70퍼센트

재산세 세율

- 주택: 0.15~0.5퍼센트(4단계 누진세율)

- 주택 이외 건축물: 0.25퍼센트(단일세율), 골프장·고급 오락장
  용 건축물 4퍼센트

- 나대지 등 종합 합산대상 토지: 0.2~0.5퍼센트(3단계 누진세율)

- 사업용 건물 부속 토지 등 별도 합산대상 토지: 0.2~0.4퍼센트
  (3단계 누진세율)

세부담의 상한

- 당해 재산세 산출세액이 직전 연도 재산세액의 일정 규모를 초
  과하여 징수할 수 없음

- 주택: 주택 공시가격 3억 원 이하 105퍼센트, 3~6억 원 이하
  110퍼센트, 6억 원 초과 130퍼센트

- 토지 및 주택 외 건축물: 150퍼센트

종합부동산세

종합부동산세란 지방자치단체가 부과하는 종합토지세 외에 일정 기준을 초과하는 토지와 주택 소유자에 대해서 국세청이 별도로 누진세를 적용하여 부과하는 국세다.

1차로 부동산 소재지 관할 시·군·구에서 관내 부동산을 과세 유형별로 구분하여 재산세를 부과한다. 2차로 과세기준 금액 초과분에 대하여 주소지(본점 소재지) 관할 세무서에서 종합부동산세를 부과한다.

일정한 요건을 갖춘 임대주택 등과 주택 건설업자의 주택 신축용 토지에 대해서는 9월 16일부터 9월 30일까지 합산 배제 신고를 하는 경우 종합부동산세가 과세에서 제외될 수 있다(다만, 신고 기한이 공휴일, 토요일 등인 경우에는 다음 날을 기한으로 한다).

종합부동산세를 산출하는 세액의 흐름도와 세액은 〈표 9, 10〉과

〈표 9〉 종합부동산세

유형별 과세 대상	과세기준 금액
주택(주택 부속 토지 포함)	주택 공시가격 6억 원 (1세대 1주택자 9억 원)
종합 합산 토지(나대지·잡종지 등)	토지 공시가격 5억 원
별도 합산 토지(상가·사무실 부속 토지 등)	토지 공시가격 80억 원

※ 1세대 1주택자는 세대원 중 1명만이 주택분 재산세 과세 대상인 1주택만을 소유한 거주자를 말한다.

〈표 10〉세액 계산 흐름도

구분	주택분	종합 합산 토지분	별도 합산 토지분
Σ감면후 공시 가격	Σ 주택 공시가격	Σ 종합 합산 토지 공시가격	Σ 별도 합산 토지 공시가격
− 과세기준 금액	6억 원(1주택자 9억 원)	5억 원	80억 원
× 공정시장 가액비율	80%	80%	80%
= 종부세 과세표준	주택분 종부세 과세표준	종합 합산 토지분 종부세 과세표준	별도 합산 토지분 종부세 과세표준

×

세율(%)

과세표준	세율	누진공제	과세표준	세율	누진공제	과세표준	세율	누진공제
6억 원 이하	0.5	−	6억 원 이하	0.75	−	200억 원 이하	0.5	−
12억 원 이하	0.75	150 만 원	45억 원 이하	1.5	1125 만 원	400억 원 이하	0.6	2000 만 원
50억 원 이하	1	450 만 원	45억 원 초과	2	3375 만 원	400억 원 초과	0.7	6000 만 원

구분	주택분	종합 합산 토지분	별도 합산 토지분
= 종합부동산 세액	주택분 종합부동산세액	토지분 종합 합산세액	주택분 별도 합산세액
− 공제할 재산세액	재산세 부과세액 중 종합부동산세 과세표준 금액에 부과된 재산 상당액		
= 산출세액	주택분 산출세액	종합 합산 토지분 산출세액	별도 합산 토지분 산출세액
− 1주택자 세액공제(%)	장기 보유 공제: 5년 이상(20%), 10년 이상(40%) 고령자 공제: 60세 이상(10%), 65세 이상(20%), 70세 이상(30%)		
= 세부담 상한 전 종부세액	세부담 상한 전 종부세액 = 산출세액 − 세액공제		
− 세부담 상한 초과세액	[(직전연도 재산세 + 종부세)×150%]를 초과하는 세액		
= 납부할 세액	500만 원 초과 분납, 1000만 원 초과 물납 가능		

같다.

　종합부동산세와 재산세를 줄이기 위한 방법으로 주택 임대사업자 등록을 고려해볼 수 있다. 임대사업용 주택으로 등록한 경우 재산세는 전용 40제곱미터 미만 면제, 전용 60제곱미터 미만은 50퍼센트 감면되고, 종합부동산세의 경우 산정 기준 6억 원을 초과

〈표 11〉 종합부동산세 세율

주택(주택의 부속 토지 포함)

2005년			2006~2008년			2009년 이후		
과세표준	세율	누진공제	과세표준	세율	누진공제	과세표준	세율	누진공제
5.5억 원 이하	1%	−	3억 원 이하	1%	−	6억 원 이하	0.5%	−
5.5~45.5억 원 이하	2%	550만 원	3~14억 원 이하	1.5%	150만 원	6~12억 원 이하	0.75%	150만 원
45.5억 원 초과	3%	5100만 원	14~94억 원 이하	2%	850만 원	12~50억 원 이하	1%	450만 원
			94억 원 초과	3%	1억 250만 원	50~94억 원 이하	1.5%	2950만 원
						94억 원 초과	2%	7650만 원

종합 합산 토지(나대지, 잡종지 등)

2005년			2006~2008년			2009년 이후		
과세표준	세율	누진공제	과세표준	세율	누진공제	과세표준	세율	누진공제
7억 원 이하	1%	−	17억 원 이하	1%	−	6억 원 이하	0.75%	−
7~47억 원 이하	2%	700만 원	17~97억 원 이하	2%	1700만 원	6~12억 원 이하	1.5%	1125만 원
47억 원 초과	4%	1억 100만 원	97억 원 초과	4%	2억 1100만 원	45억 원 초과	2%	3375만 원

별도 합산 토지(건축물 부속 토지 등 사업용 토지)

2005년			2006~2008년			2009년 이후		
과세표준	세율	누진공제	과세표준	세율	누진공제	과세표준	세율	누진공제
80억 원 이하	0.6%	–	160억 원 이하	1%	–	200억 원 이하	0.5%	–
80~480억 원 이하	2%	3200만 원	160~960억 원 이하	2%	6400만 원	200~400억 원 이하	0.6%	2000만 원
480억 원 초과	4%	3억 2000만 원	960억 원 초과	4%	6억 4000만 원	400억 원 초과	0.7%	6000만 원

※ 서비스업용 등 토지(2007~2008년 한시적용): 200억 초과분 0.8% 단일세율

해도 합산에서 배제되어 종합부동산세 납부 대상에서 제외된다. 보유 주택 수 증가로 종합부동산세 납부 시기가 되거나 재산세가 과다할 경우 임대사업 등록을 고민해볼 필요가 있다.

양도소득세

투자 물건을 매도할 때 가격이 올라 차익이 생겼다면 양도세가 부과된다. 앞으로 남고 뒤로 밑지는 일이 생기지 않도록 양도세 계산을 잘해야 한다. 양도세는 수익과 직결되기 때문에 부동산 투자에서 가장 중요한 세금이라고 할 수 있다.

양도세율은 〈표 12〉과 같다.

구분			세율
토지 또는 건물 (주택 · 조합입주권, 비사업용 토지 제외)		2년 이상 보유	소득세법 제55조 제1항의 세율
		1년 이상~ 2년 미만 보유	40%
		1년 미만 보유	50%
주택 (주택 부수토지 포함) 및 조합입주권	1세대 3주택 미만	1년 이상 보유	소득세법 제55조 제1항의 세율
		1년 미만 보유	40%
	1세대 3주택	지정 지역	1년 이상 보유	소득세법 제55조 제1항의 세율에 100분의 10을 가산한 세율
			1년 미만 보유	Max(40%, 소득세법 제55조 제1항의 세율에 100분의 10을 가산한 세율)
		지정 지역 외	1년 이상 보유	소득세법 제55조 제1항의 세율
			1년 미만 보유	40%
비사업용 토지		지정 지역	2년 이상 보유	소득세법 제55조 제1항의 세율에 100분의 10을 가산한 세율
			1년 이상~ 2년 미만 보유	Max(40%, 소득세법 제55조 제1항의 세율에 100분의 10을 가산한 세율)
			1년 미만 보유	Max(50%, 소득세법 제55조 제1항의 세율에 100분의 10을 가산한 세율)
		지정 지역 외	2년 이상 보유	소득세법 제55조 제1항의 세율에 100분의 10을 가산한 세율 ※단, 14년 양도분은 소득세법 제55조 제1항의 세율
			1년 이상~ 2년 미만 보유	Max(40%, 소득세법 제55조 제1항의 세율에 100분의 10을 가산한 세율) ※단, 2014년 양도분은 40%
			1년 미만 보유	Max(50%, 소득세법 제55조 제1항의 세율에 100분의 10을 가산한 세율) ※단, 2014년 양도분은 50%
미등기자산			70%

위 표의 맨 왼쪽 세로 칸: **부동산, 부동산에 관한 권리, 기타 자산**

2014년 이후		
과세표준	세율	누진공제액
1200만 원 이하	6%	–
4600만 원 이하	15%	108만 원
8800만 원 이하	24%	522만 원
1억 5000만 원 이하	35%	1490만 원
1억 5000만 원 초과	38%	1940만 원

이 책에서 주로 다루는 주택 양도세는 1년 이상~2년 미만을 보유할 경우 소득세법 제55조 제1항의 세율을 적용한다.

2014년 1월 1일 소득세법이 개정되면서 흔히 말하는 단기매매의 세율이 낮아졌다. 기존에는 2년 이내 매도 시 양도세율이 40퍼센트 적용되었으나, 2014년 1월 이후 누진세율로 바뀜에 따라 주택 단기 투자자에게는 크게 유리해졌다.

양도세를 줄일 수 있는 요령은 필요비 인정 항목을 확대하는 것이다.

1인당, 1년, 1회 250만 원의 양도세 기본공제를 받을 수 있다. 여기에 〈표 14〉의 필요비 항목을 추가한다면 양도세를 절감할 수 있다.

필요비 인정 항목	불인정 항목
1. 양도세 기본공제 1인, 1년, 1회 250만 원	1. 도배, 장판 비용
2. 법무사 수수료, 부동산 중개수수료	2. 싱크대, 욕실 수리 비용
3. 세무사 수수료	3. 보일러 수리 비용
4. 취득세, 등록세	4. 도색 비용, 방수공사 비용
5. 창틀 설치, 발코니, 거실 및 방 확장 공사 비용	5. 경매 시 대항력 없는 전세보증금
6. 토지초과이득세 및 개발·재개발 부담금	6. 등 교체 비용
7. 상·하수도 배관공사	7. 임차인 퇴거 시 보상 비용
8. 보일러 교체 비용(난방시설 교체 비용)	8. 금융기관 대출 이자
9. 소유권 확보 소송 비용 및 화해 비용	9. 경매 시 세입자 명도 비용
10. 경매 취득 시 대항력 있는 보증금	10. 주택청약 예금의 이자
11. 경매 취득 시 유치권 변제금(판결문 필요)	11. 취득세의 납부지연 가산세, 연체료
12. 사해행위 소송 시 국가 화해 비용	12. 택지초과 소유부담금
13. 대신 지급한 전 매도인의 양도세	13. 장기할부 조건 연체 이자
14. 부동산 매각 광고 비용	14. 매매 계약 해지 위약금
15. 불법 건축물 철거 비용	15. 경매 낙찰 지연 이자

필요비 인정 항목을 기억해두고 증빙서류, 계좌이체 영수증, 세금 계산서 등을 꼼꼼하게 챙겨야 한다. 양도소득세는 양도 차익이 클수록 많이 나온다. 반면에 필요경비 금액이 커질수록 양도소득세는 줄어든다.

- 2012년 5월 30일 1억 원에 매수

- 2014년 6월 3일 1억 5000만 원에 매도

- 보유 기간 2년

- 양도 차익 5000만 원

- 기본공제 250만 원＝5000만 원－250만 원

- 부동산 중개수수료＝40만 원(매수 시)＋60만 원(매도 시)

- 법무사 수수료＝30만 원

- 취득세＝200만 원

- 양도 차익(필요비 공제 후)＝4420만 원×양도세율 15%

- 양도세액＝1200만 원×6%＋3220만 원×15%＝555만 원

- 지방소득세 자진납부액 10%＝55만 5000원

국세청 양도소득세 계산기를 활용하면 편하게 세액을 계산할 수 있다(http://www.hometax.go.kr/guide_yd/gageia72.jsp).

양도세는 다음과 같은 특징이 있다. 잘 기억해두기 바란다.

- 합산 과세: 누진세율(일반세율)이 적용되는 주택 2채를 같은 연

<표 15> 양도소득세 신고서

간편계산 사용으로 양도소득세 신고가 되지 않으며 양도소득세 신고 및 신고서 작성요령은 아래 유의 사항을 참고하시기 바랍니다.

간편계산 사용일자: 2014. 09. 15

양도소득세 간편 계산(부동산)

구분	일반세율(6~38%)[1-10]	비고
① 소재지		
② 양도가액	150,000,000	양도일자: 2014. 06. 03
③ 취득가액	100,000,000	취득일자: 2012. 5. 31
④ 필요경비	3,300,000	
⑤ 양도 차익	46,700,000	(② - ③ - ④)
⑥ 장기보유특별공제	0	
⑦ 양도소득금액	46,700,000	(⑤ - ⑥)
⑧ 양도소득 기본공제	2,500,000	
⑨ 과세표준	44,200,000	(⑦ - ⑧)
⑩ 세율	15%	
⑪ 산출세액	5,500,000	(⑨ - ⑩)
⑫ 감면세액		
⑬ 예정신고납부세액공제	0	
⑭ 자진납부할 세액	5,500,000	(⑪ - ⑫ - ⑬)
지방소득세 자진납부세액	555,000	(⑭ × 10)

양도소득금액 계산을 위해 선택한 사항 요약

◎ 미등기양도 사항 (아니오)　　　　◎ 상속 받은 자산 (아니오)
◎ 피상속인 취득일 (아니오)　　　　◎ 1세대 1주택 (아니오)
◎ 보유 및 거주 요건 (아니오)　　　　◎ 1세대 2주택 (아니오)
◎ 1세대 3주택 이상 (아니오)
◎ 비사업용토지 (아니오)

〈유의사항〉

* 세율 및 장기보유특별공제율은 사용일 현재의 세법령 기준이며, 계산된 결과는 일부 사항만큼 검토하여 출력된 바 신고 또는 불복자료로 이용하실 수 없습니다.
* 양도소득세에 관해 궁금하신 사항은 국세청 세미래콜센터(http://call.nts.go.kr, ☎국번없이 126)를 이용하시면 전문상담직원으로부터 상세한 상담을 받으실 수 있으며(검색어를 통한 상담사례 조회 가능) 양도소득세 신고서 작성요령 및 작성사례는 국세청 홈페이지 상담 메뉴의 신고납부를 활용하시기 바랍니다.
* ⑬예정신고납부세액공제는 2011. 1. 1 이후 양도분부터 적용되지 않습니다.
* 당해연도 중 다른 부동산을 양도하신 경우에는 소득금액을 합산하여 신고하여야 합니다.

×|닫기　　∨|발급

도에 양도한 경우에만 합산 과세하며, 1년 미만을 보유한 주택을 먼저 양도한 경우에는 40퍼센트를 적용하고, 나중에 양도한 아파트는 1년 이상 보유하여 누진세율이 적용되는 경우에는 합산하지 않고 별도로 양도소득세를 계산하면 된다. 양도 차익이 여러 건 발생할 경우 구간 초과 금액에 대해서 추가 과세가 부과된다.

- 인별 과세: 세대별 합산이 아니라 개인당 과세다. 부부 간에도 각각 별도로 과세되기 때문에 부동산의 명의를 분산시키고 매도하는 방법이 양도세 절세에 유리하다.
- 분리 과세: 종합과세에 대응하는 개념으로, 특정한 소득을 종합소득에 합산하지 않고 분리하여 과세한다는 뜻이다. 양도 차익이 생기면 그 차익에 대한 양도세를 납부하면 과세가 종결된다. 종합소득세에는 포함되지 않는 게 특징이다.

양도세 관련 세금은 국세청 세미래콜센터 126번을 활용하면 편리하다. 126콜센터에서는 전문적 식견을 가진 국세조사관들이 상담을 해주기 때문에 실무에 큰 도움이 된다.

양도세 절세

❶ 손실(양도차손)과 수익(양도 차익)을 함께 팔아라. 양도세는 합산 과세이므로 양도세를 절약할 수 있다. 같은 연도 안에 팔아야 하고, 부동산은 부동산끼리 (같은 자산끼리) 차손과 차익을 함께 팔아야 한다. 차손은 신고를 안 하는 사람들이 있는데, 손실이 발생해도 양도세 예정신고를 해두는 것이 좋다.

❷ 공동명의를 활용하라. 공동명의를 통해 양도세 기본공제 혜택을 활용하라.

❸ 비과세 투자를 즐겨라. 예·적금 풍차돌리기처럼 비과세 투자가 가능하다.

나눠서 팔아라. 한 해에 여러 채를 팔지 말고, 각 명의별 또는 연도별 한 채씩 나눠서 팔아라.

차익이 제일 큰 것을 마지막에 팔아라. 양도 차익이 작은 것부터 팔고, 제일 많은 것은 비과세가 될 수 있도록 마지막에 파는 것이 좋다.

❹ 임대사업자 등록을 고려하라.

임대사업자로 등록하고 살고 있는 주택을 비과세로 매도할 수 있다. 2년 보유, 2년 거주 요건을 충족해야 한다.

부동산 중개수수료,
협상의 여지는 항상 있다

    각 지자체별로 부동산 중개업을 지도 감독하는 부서가 있다. 보통 지적과에서 담당한다. 대전의 경우 도시주택국 지적과에서 담당한다. 투자 시 중개사와 분쟁이 생겼을 때 해당 지자체의 주무 부서에 질의하면 도움을 받을 수 있다. 또한 민원을 제기할 수도 있다.

    중개수수료는 지자체마다 조금씩 차이가 있다. 수수료는 지자체 홈페이지에서 확인할 수 있다. 법정요율로 정해놓은 표는 최고가 상한선이다. 즉 그 요율 이상은 받지 못한다는 뜻이다. 중개인은 항상 최고 금액을 제시하게 마련이므로 이 금액 내에서는 협의가 가능하다.

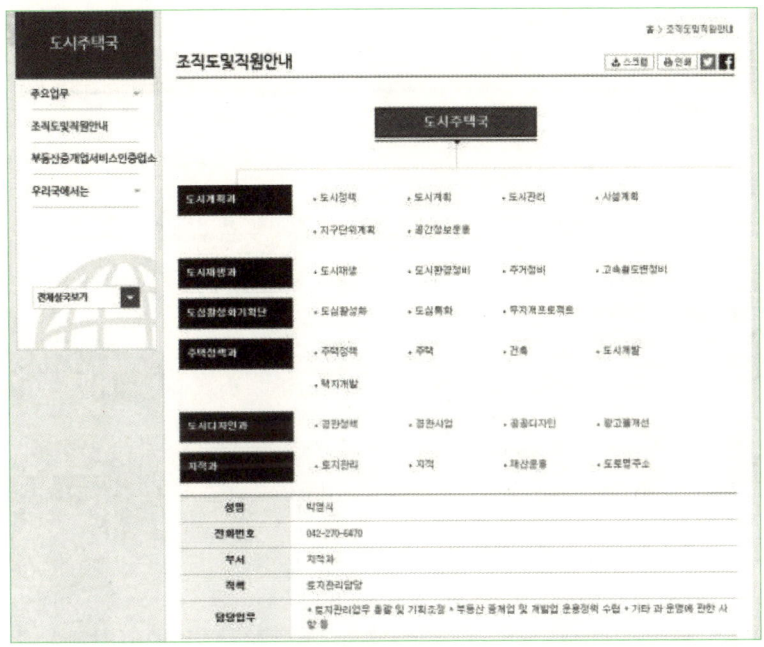

〈그림 29〉 도시주택국 지적과

〈그림 29〉는 대전광역시의 부동산 중개수수료다.

금액과 함께 분쟁이 생기는 것이 중개수수료 지불 시기다. 중개
인은 계약 체결과 동시에 받기를 원하지만 거래 당사자들은 잔금까
지 마무리하고 지불하기를 원한다. 서로 입장 차이가 있다 보니 실
제 거래에서는 마찰이 생기기도 한다. 이를 막기 위해 국토부에서
는 2014년 공인중개사법 시행령 제27조 2항을 개정했다. 이에 따라
중개수수료 지불 시기는 잔금 지급 시점으로 바뀌었다.

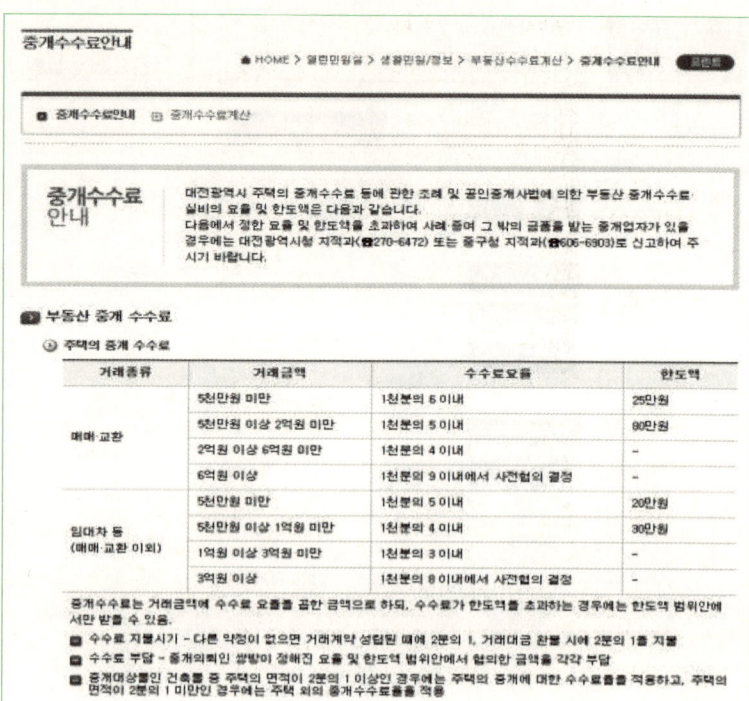

<그림 30> 대전의 부동산 중개수수료

공인중개사법 시행령 일부 개정

중개보수의 지급 시기(제27조의 2 신설)

중개보수의 지급 시기를 개업 공인중개사와 중개 의뢰인 간의 약
정에 따르되, 약정이 없을 때에는 중개 대상물의 거래 대금 지급
을 완료한 날로 정함.

2014년 7월 29일부터 시행하도록 되어 있다. 거래 당사자는 잔금 지불 시에 수수료를 내는 것이 유리하다. 끝까지 책임 중개를 받을 수 있기 때문이다. 일부 중개사들은 계약서를 작성하면 추후 일처리를 소홀히 하는 경우가 있다.

또한 2014년 7월부터 10만 원 이상의 중개수수료는 현금 영수증을 의무 발행하도록 되어 있다. 간혹 현금영수증 발행 시 부가세 10퍼센트를 추가로 요구하는 곳도 있다. 부가가치세법 제11조에 따르면 부동산 중개수수료는 중개서비스에 대한 대가이므로 중개업자는 부가가치세를 소비자로부터 받아 정부에 신고 및 납부하도록 되어 있다. 중개인이 일반과세자일 경우 부동산 중개수수료와 별도로 부가가치세를 부담하는 것은 적법하다.

중개수수료에 대해 오해하기 쉬운 법조항이 또 하나 있다. 공인중개사법 시행규칙 제20조(중개보수 및 실비의 한도 등) 5항 3호 "동일한 중개 대상물에 대하여 동일 당사자 간에 매매를 포함한 둘 이상의 거래가 동일 기회에 이루어지는 경우에는 매매 계약에 관한 거래 금액만을 적용한다"는 내용이다.

위 시행규칙의 매매 계약에 관한 거래 금액만을 적용하기 위해서는 다음 조건을 모두 충족해야 한다. 첫째, 동일한 중개 대상물일 것. 둘째, 동일 당사자 간의 거래일 것. 셋째, 매매를 포함한 둘 이상의 거래일 것. 즉 동일 기회에 이루어지는 경우여야 한다.

예를 들면, 서울 서초동 A아파트 1동 503호 소유자인 매도인 '갑'과 매수인 '을'의 매매 계약을 체결하면서 동시에 매도인 '갑'이 매수인 '을'의 임차인이 되어 임대차 계약을 체결한 경우, 이 법의 적용 대상이 되어 매매 계약에 관한 거래 금액만을 청구하도록 되어 있다. 매수자가 매도자가 아닌 새로운 임차인을 들여 잔금을 지불하는 경우 중개수수료는 매매건과 임대차 계약건 별도로 지불해야 하는 것이다. 하지만 실무에서는 지역에 따라 조금씩 다르게 적용된다.

법무사 비용,
발품으로 줄일 수 있다

부동산 거래를 하다 보면 법무사를 찾을 일이 많이 생긴다. 가장 흔한 경우가 소유권 등기다. 이 과정에서 법무사 비용이 발생한다. 이를 절약하기 위해 매수자가 직접 등기를 하는 것을 셀프 등기라 한다. 셀프 등기는 몰라서 못하는 경우도 있고 사정상 위임하는 경우도 있다. 담보대출이 있는 물건이라면 은행에서 셀프 등기를 의심스러워하기 때문에 실무에서는 은행에서 나온 법무사가 처리하거나 부동산에서 소개받은 법무사가 일을 처리하는 경우가 대부분이다.

초보 투자자는 대부분 이런 수순으로 일처리를 하지만 경험자들은 다르다. 부동산에서 소개해준 법무사, 은행에서 나오는 법무사,

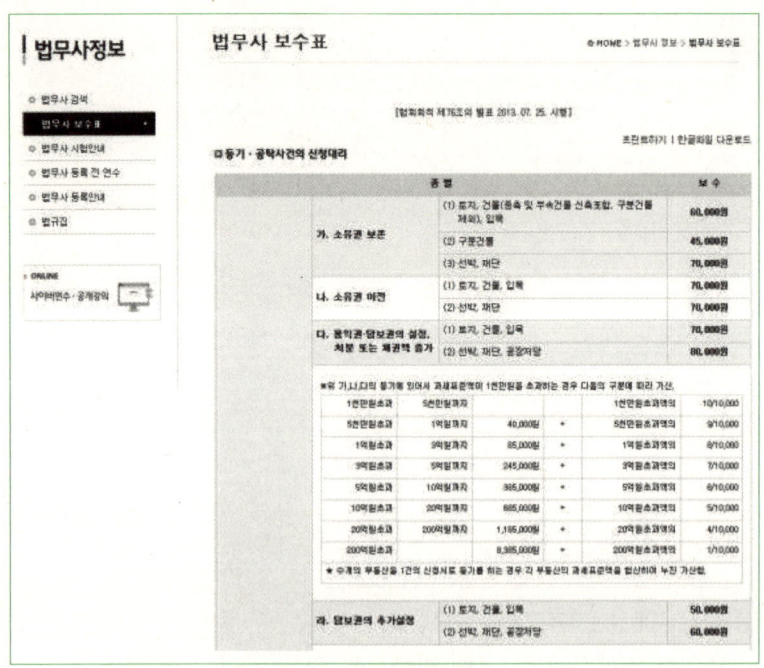

<그림 31> 법무사 수수료

직접 섭외한 법무사의 견적을 비교한 후 가장 저렴한 곳에 의뢰한
다. 번거롭게 몇 푼 아끼자고 그러냐고 할지도 모르겠지만 적게는
몇 만 원에서 많게는 몇 십만 원까지 차이가 나는 게 법무사 수수료
다. 법무사 수수료에 대해서는 대법원에서 승인한 법무사 수수료가
있고, 대한법무사협회 홈페이지에서도 확인할 수 있다.

 〈표 16〉은 경기도 평택 포승읍 아파트 투자 시에 받았던 법무사
견적서다. 여러 채를 동시에 소유권 이전을 하였고, 최초 수수료 33
만 원에서 15만 원으로 조정했다. 매수 금액은 1억 5500 ~ 1억 7000

〈별지 제9호 양식〉

견적서					
	귀하				
사건명	소유권 이전		과세표준액		170,000,000
부동산의 표시	경기도 평택시 포승 도곡리 1109 삼부르네상스 2○○동 ○○○호				
보수액			공과금		
적요	금액	비고	적요	금액	
수수료	301,000		취득세	7,480,000	
누진료	–		채권	120,000	
			인지	150,000	
			증지대	15,000	
			원인증서	–	
			등록세대행	30,000	
			대장등본열람료	–	
			조사비	–	
			교통비, 출장비	30,000	
			실거래신고		
			농지취득자격증명원	–	
				–	
보수액소계	301,000				
부가가치세	30,100				
보수액합계	331,000		공과금 합계	7,825,000	
			등기비용		8,156,100
			취득세	–	
			총합계금		8,156,100

위와 같이 영수합니다.
2013년 10월 10일
사업등록번호: 125 – 11 – ○○○○○○
법무사: 김 ○ ○ (인)
평택시 안중읍 ○현리 ○06○○
전화: 031) 6○○-6○○○   팩스: 031) 6○○-7○○○
법무사입금계좌 농협(김○○): 11○-○○-○○○○○○

주) 1. 복사 시 또는 컴퓨터로 2통을 작성하여 1통은 위임인에게 교부한다.
　　2. "보수액"은 기본, 누진, 특례 등으로 "공과금"은 세금, 증지, 채권, 송달료 등으로 세분하여 표기한다.

만 원 사이로 처음 보내온 견적서에서 출장비, 교통비, 열람료 등 부대비용을 줄여 부가세 포함 1건당 15만 원에 소유권을 이전할 수 있었다.

법무사 견적서를 받으면 점검할 사항이 있다.

첫째, 등기원인증서 작성료다. 매매 계약서를 부동산 중개소에서 작성한 경우 위 비용을 청구할 수 없도록 되어 있다. 법무사 사무실에서 매매 계약서, 근저당권설정 계약서, 전세권설정 계약서 등을 작성한 경우에만 지불하는 비용이다.

둘째, 부동산 검인, 부동산 거래신고 대행료다. 부동산 중개소를 통해 거래를 한 경우에는 중개소에서 부동산 거래신고를 하기 때문에 이 비용도 청구할 수 없다. 여기에 출장비나 제증명 열람료가 과다 청구되었는지를 확인해야 한다. 등기부등본은 인터넷으로 발급하면 700원이고, 토지대장, 건축물대장 등 공적서류는 민원24에서 무료로 발급받을 수 있다. 그러므로 제증명 열람료를 몇 만 원씩 청구하는 경우 조정을 요구해 법무사 수수료를 낮추도록 한다. 그리고 금액을 조정하느라 애를 쓰기 전에 여러 곳으로부터 견적을 받아보고 그중 가장 싸게 해줄 수 있는 곳을 찾으면 된다. 법무사는 충분히 많기 때문에 한 곳에 매달릴 필요가 없다.

셀프 등기, 해보면 쉽다

〈표 17〉 셀프 등기 준비 서류

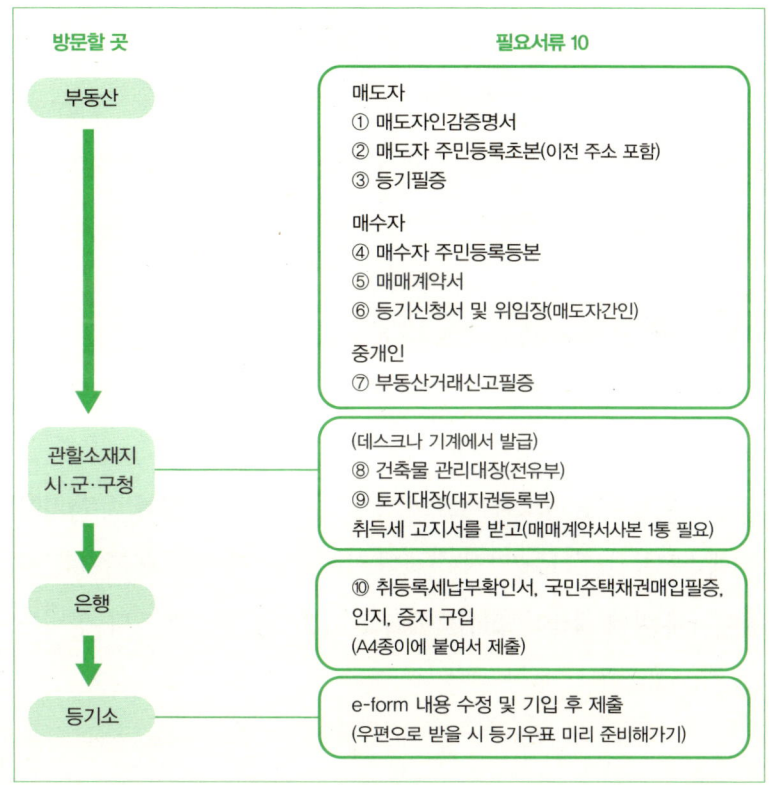

방문할 곳	필요서류 10
부동산	**매도자** ① 매도자인감증명서 ② 매도자 주민등록초본(이전 주소 포함) ③ 등기필증 **매수자** ④ 매수자 주민등록등본 ⑤ 매매계약서 ⑥ 등기신청서 및 위임장(매도자간인) **중개인** ⑦ 부동산거래신고필증
관할소재지 시·군·구청	(데스크나 기계에서 발급) ⑧ 건축물 관리대장(전유부) ⑨ 토지대장(대지권등록부) 취득세 고지서를 받고(매매계약서사본 1통 필요)
은행	⑩ 취등록세납부확인서, 국민주택채권매입필증, 인지, 증지 구입 (A4종이에 붙여서 제출)
등기소	e-form 내용 수정 및 기입 후 제출 (우편으로 받을 시 등기우표 미리 준비해가기)

주의 사항

❶ 위임장 및 소유권 이전등기 신청 서류 간인하기(별지도 간인
필수)

❷ 지역에 따라 약간 다를 수 있다.

❸ 국민주택채권은 실거래가가 아니라 시가표준액으로 구입 (주택기금포털에서 할인율 확인 http://nhf.molit.go.kr/index.do)

❹ 취·등록세 고지서를 받을 때 매매계약서, 부동산거래신고필증 사본이 필요하므로 한 부씩 복사

❺ 등기 후 권리증 수령을 위해 우표를 구매하여 함께 제출한다.

법인물건도 셀프 등기 가능하다

법인 소유 물건의 경우 나머지 서류는 거의 비슷하다.

물건지 관할 등기소에 필요 서류를 다시 한 번 확인하고, 여기에 '거래내역확인서'라는 양식이 하나 추가된다. 이 양식을 지자체 지방세과에 함께 제출하고, 취득세 고지서를 발급받으면 된다. 양식은 〈표 18〉과 같다.

거래내역확인서

매도인 : 주식회사 ○○○○ (법인사업자번호)

매수인 : △△△(주민번호)

본인은 아래 부동산에 대하여 거래가 원만히 이루어졌음을 확인하고 본 확인서
에 기명 날인하고 추후 확인을 위하여 각각 1통씩 보관한다.

총 매매대금 : 금 2억 6천만 원정(₩260,000,000)

부동산 소재지	서울시 강서구 ○○동 507동 1205호		
계약 일자	2013년	계약금	3천 만 원
중도금 일자	無	중도금	無
잔금 일자	2013년 9월 14일	잔금	2억 3천 만 원

2013년   월   일

매도인 : 주식회사 ○○○○(사업자번호) 대표집행임원 : 대표자명

주   소 : 사업장 주소

매수인 : △△△(주민번호)

주   소 : 주민등록상 주소

선한 넘침이 될 때까지
투자는 계속된다

쉼 없이 달려온 시간을 돌아보니 매 순간 행복했고, 감사하다.

힘들고 고단한 여정이지만 행복했던 이유는 바로 사랑하는 가족과 동지들이 곁에 있었기 때문이다.

"삶은 순간의 합이다"라는 말을 참 좋아한다.

그렇게 살지 못하였기에 더욱 그리워하고 동경하는 것이다.

남은 삶은 특별히 날을 잡아서 거창한 일을 도모하기보다는 순간순간 최선을 다하고 마음의 평온과 즐거움을 찾는 그런 삶을 추구할 것이다.

가족을 위해 시작한 투자였지만, 이제는 그 선한 넘침이 이웃에 따뜻한 온기와 긍정의 향기를 전하고, 자선의 형태로 이어지길 소망한다.

독자 여러분의 투자 독립과 경제적 자유를 응원하며 글을 마친다.

감사의 글

이 책이 나오기까지 물심양면으로 지원해주신 '아름다운 투자가들의 모임(아투모)' 스태프 이모님, 욕망복부인 님, 셔태지 님, 부동산꼬맹이 님, 알아리 님, 작은부자 님, 지혜 님께 감사의 마음을 전합니다. 저의 부족함으로 인해 함께하진 못하지만 각자의 길에서 최고의 인생을 살고 계시는 임대여왕 님, 지뿡이 님, 프레이야 님, 희정연 님 내외분, 성투 님, 10억 님, 복부인 님께 진심으로 감사의 말씀을 전합니다.

또한 한결같이 나를 믿어주고 때론 형처럼 든든한 힘이 되어주는 심성호, 김완수, '월평동 쓰레기' 친구들 고맙습니다. 중개법인 성윤부동산 대표 임정묵 선배님 감사합니다.

모든 과정을 묵묵히 지켜봐주고 응원해준 사랑하는 아내 송혜경, 큰딸 유은, 둘째 시호, 셋째 호동이(태명)에게 이 책을 바칩니다.

끝으로, 존경하는 어머니 박신식 여사님과 친부 이상으로 키워주신 아버지 한기봉 님께 감사와 사랑의 마음을 전합니다.

이종길(꾸준함의 미학)